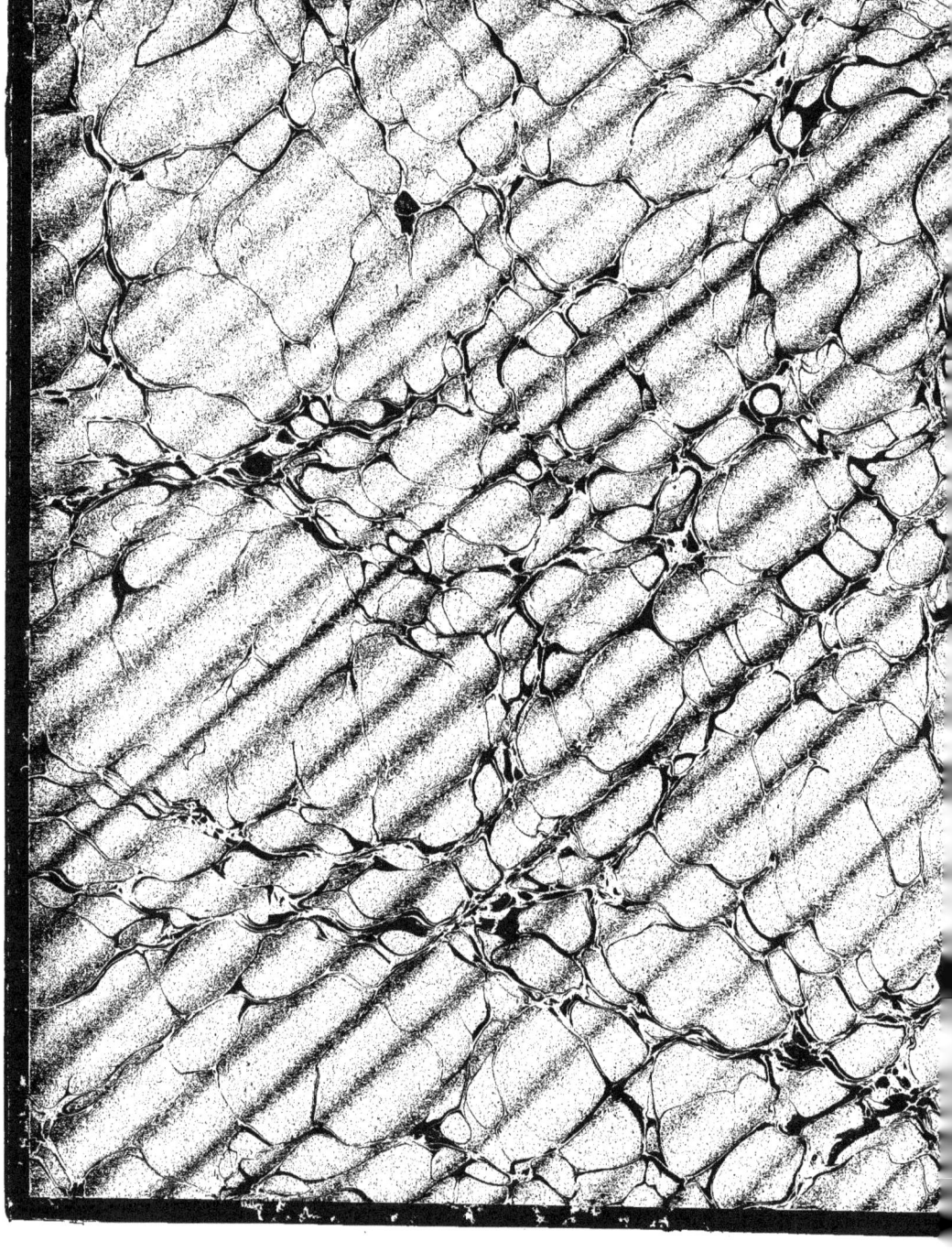

(Couverture de Couverture)

MES CAMPAGNES
SOUS LA RÉPUBLIQUE ET L'EMPIRE

1791-1810

PAR

PHILIPPE-RENÉ GIRAULT

EX-MUSICIEN D'ÉTAT-MAJOR AU RÉGIMENT DE PERCHE, AU 6ᵉ BATAILLON DE LA HAUTE-SAÔNE, AU 1ᵉʳ HUSSARDS
AU 91ᵉ DE LIGNE
MAÎTRE DE PSALLETTE A LA CATHÉDRALE DE POITIERS

LA ROCHELLE
TYPOGRAPHIE A. SIRET, RUE DE L'ESCALE, 23

M DXXX LXXXIV

MES CAMPAGNES

1791-1810

Cet ouvrage n'a été tiré qu'à 100 exemplaires, tous numérotés.

EXEMPLAIRE N° *Dépôt légal*

MES CAMPAGNES

SOUS LA RÉPUBLIQUE ET L'EMPIRE

1791-1810

PAR

PHILIPPE-RENÉ GIRAULT

EX-MUSICIEN D'ÉTAT-MAJOR AU RÉGIMENT DE PERCHE, AU 6ᵉ BATAILLON DE LA HAUTE-SAÔNE, AU 5ᵉ HUSSARDS, AU 93ᵉ DE LIGNE,

MAÎTRE DE PSALLETTE A LA CATHÉDRALE DE POITIERS.

LA ROCHELLE

TYPOGRAPHIE A. SIRET, RUE DE L'ESCALE, 23

M DXXX LXXXIV

A MON FRÈRE

Philippe-Benjamin GIRAULT

A MES NIÈCES

Juliette POUMAILLOUX, Emma BAILLET, Marie SÉNÉCHAULT,

Valérie PHLIPONEAU.

A MES PETITS-NEVEUX ET PETITES-NIÈCES

Urbain et Alfred POUMAILLOUX; Alice, Suzanne et Georges BAILLET; Georgette et Marie-Anna SÉNÉCHAULT; Marthe et René PHLIPONEAU.

JE DÉDIE CET OUVRAGE

publié

EN MÉMOIRE

de

PHILIPPE-RENÉ GIRAULT

notre père vénéré, leur aïeul et bisaïeul.

CH. GIRAULT.

NOTICE

Philippe-René GIRAULT est né à Poitiers le 7 janvier 1775. Son père, tailleur de pierres, le fit entrer comme enfant de chœur à la psallette du chapitre de Sainte-Radégonde, à l'âge de quatre ans et demi; il en sortit à quinze ans et demi, par suite de la suppression des chapitres, lors de la constitution civile du clergé, en 1790. Il y avait acquis une bien modeste instruction, mais une très bonne éducation musicale. Sous l'ancien régime, les psallettes, dirigées par des maîtres de chapelle, souvent d'un très grand mérite, étaient des pépinières d'artistes et les seules écoles de musique existantes.

L'état de tailleur de pierres, que son père lui fit embrasser, ne lui convenait guère. Son goût pour la musique lui faisait désirer de s'engager dans un régiment comme musicien. Mais comme il ne pouvait faire agréer son projet par ses parents, au mois de février 1791, il abandonna furtivement la maison paternelle, et se rendit à Niort, puis à la Rochelle, pour s'engager. Il était si jeune et si fluet (il n'avait que seize ans) que personne ne voulait de lui. A l'île de Ré, dans le régiment de Perche, il trouva cependant un capitaine de musique qui, charmé de ses connaissances musicales, s'intéressa à lui et parvint à le faire recevoir musicien.

Ce fut le 6 mars 1791 qu'il signa son premier engagement. Son congé définitif date du 30 août 1810. Il resta donc soldat près de vingt ans, sans autre interruption qu'un congé de quatre mois, en 1802. Il servit successivement, en qualité de musicien d'état-major ou musicien gagiste, dans le régiment de Perche qui, lors de la réorganisation de l'armée, devint la 102e demi-brigade, dans le 6e bataillon de la Haute-Saône et dans le 5e régiment de hussards qu'il quitta le 8 décembre 1801. A cette date, il prit un congé qu'il crut un moment définitif. Il espérait se faire une position dans sa ville natale, à Poitiers, au milieu de sa famille. Mais comme il le dit lui-même : nul n'est prophète en son pays. Il fut obligé de s'engager de nouveau, le 21 mai 1802, dans la 90e demi-brigade qui devint par suite d'amalgame le 93e régiment de ligne. C'est dans ce dernier régiment qu'il termina sa carrière militaire.

En 1802, il avait épousé, à la Rochelle, une vaillante femme qui l'accompagna dans ses campagnes à travers l'Italie, l'Allemagne, la Prusse, le Danemark, et dont il ne consentit à se séparer que lorsqu'il fut menacé de prendre part à la guerre d'Espagne. Il l'envoya alors chez ses parents, à Poitiers, où il vint la rejoindre, au bout d'un an et demi, en 1810, lorsqu'il fut appelé à occuper la place de maître de psallette à la cathédrale.

Il lui fallut alors, sans doute, toutes les joies de la vie de famille pour pouvoir s'habituer à sa nouvelle existence, si différente de celle qu'il menait depuis vingt ans. Enseigner le plain-chant à des enfants, assister matin et soir aux offices des chanoines, c'étaient de bien paisibles occupations pour un homme qui avait parcouru toute l'Allemagne, la Suisse, l'Italie, l'Autriche, la Prusse, le Danemark, la Hollande ; qui avait visité presque toutes les capitales de l'Europe : Turin, Vienne, Berlin, Amsterdam, &. Aussi ne faut-il pas s'étonner si le souvenir de ses campagnes devint bientôt chez lui une sorte d'obsession. Son plus grand plaisir, c'était de réunir autour de lui des auditeurs attentifs qu'il charmait par le récit de ses aventures auquel il savait donner un attrait merveilleux. Mais comme il ne pouvait compter toujours sur des auditeurs bénévoles, il y suppléa en occupant ses loisirs à écrire ses *mémoires*, si toutefois on peut appeler ainsi l'œuvre d'un homme qui savait tout juste lire et écrire, qui ne connaissait de l'histoire que les événements auxquels il avait assisté, et de la géographie que ce que ses jambes lui en avaient appris. Les cahiers qu'il écrivit, sans divisions, sans alinéas, sans ponctuation, comprennent quatre cent cinquante-deux pages de papier écolier, d'une écriture très nette et très lisible, mais d'une orthographe et d'un style un peu fantaisistes. Commencés en 1811, ils ne furent probablement terminés que vers 1820. Est-il besoin de faire remarquer qu'il n'existait à cette époque aucune relation imprimée des faits qu'il raconte. Il n'eut pour aider sa mémoire, qui devait être prodigieuse, qu'un tout petit carnet de poche sur lequel il avait inscrit jour par jour toutes les étapes qu'il avait parcourues avec les dates et les distances ainsi que les faits les plus importants.

Lorsqu'il y a quelque quarante ans il nous confia ses manuscrits, pour les copier et leur donner une forme plus correcte, il était bien loin de supposer que, par suite d'heureuses circonstances, nous pourrions un jour les faire imprimer et élever ainsi à sa mémoire un monument qui sera précieux tout au moins pour ses petits-enfants et leurs descendants. C'est pour ceux-là surtout que nous avons livré à l'impression les manuscrits de notre père. Nous n'avons rien changé au fond ; nous n'avons pas eu la prétention d'en faire une œuvre historique ou littéraire ; nous nous sommes borné à mettre en ordre des mémoires, par eux-mêmes fort attrayants, croyons-nous, mais qui tirent aussi leur intérêt d'une époque héroïque où le narrateur n'a joué, il est vrai, qu'un rôle bien secondaire, mais où la grandeur des événements donne aux plus petits détails une certaine importance.

Tous les faits de guerre qui ont illustré les premières armées de la Révolution, en Belgique, sur le Rhin, en Suisse, en Allemagne, il y a assisté, et il les raconte à sa manière, ne parlant jamais que de ce qu'il a vu. Valmy, Fleurus, les sièges de Mayence, la grande retraite de Jourdan, la bataille d'Hohenlinden, tous les exploits et aussi les défaites de l'armée du Rhin, de l'armée de la Moselle, de l'armée de Sambre-et-Meuse, sous le commandement de cette phalange de généraux illustres, les Kellerman, les Jourdan, les Kléber, les Marceau, les Hoche, les Moreau, puis en dernier lieu les exploits de la Grande Armée sous Napoléon, à Essling, à Wagram, il a vu tout cela, souvent par le petit côté, d'assez près cependant pour encore intéresser.

Ce que ses récits mettent particulièrement en relief, ce sont les misères du soldat et du paysan. Il n'entend rien à la stratégie, encore moins à la politique. Les victoires comme les défaites, il les enregistre sans grand accent patriotique. Ce qu'il raconte surtout avec émotion ce sont les tribulations des armées en campagne, les difficultés de vivre en pays ennemi, les souffrances affreuses des paysans dans les pays envahis, les horreurs des hôpitaux militaires, et nul ne lira cette partie de ses campagnes sans éprouver une haine profonde pour la guerre.

Nous aurions pu intituler ce volume « La vie et les mœurs des soldats en campagne sous la République et l'Empire » et nous croyons que ceux qui voudraient étudier l'histoire à ce point de vue spécial liraient avec quelque intérêt et quelque fruit les *campagnes* de Philippe Girault. Il ne raconte que ce qui s'est passé sous ses yeux, et il le raconte avec un tel accent de sincérité qu'il est impossible de ne pas y accorder la croyance la plus entière. Nous avons contrôlé ses récits avec ceux des historiens et nous les avons presque toujours trouvés conformes, et, s'il y a quelques contradictions, on peut croire qu'il a raison contre les historiens. Nous n'en citerons qu'un exemple. M. Thiers, dans son *Histoire de l'Empire*, chapitre xxxv, dit que l'armée demeurée dans l'île Lobau eut le nécessaire pour vivre et que Napoléon sut préserver ses soldats de la faim. Qu'on lise le chapitre xiii de *Mes campagnes* et l'on n'hésitera pas entre les dires d'un témoin oculaire et affamé, et ceux du grand historien qui n'a composé sans doute sa narration que sur des rapports officiels intéressés à voiler la vérité.

Si l'on peut louer la sincérité et la véracité de Philippe Girault, on louera également son honnêteté et son humanité. Non-seulement il évite de prendre part aux pillages et aux déprédations auxquels les armées françaises étaient souvent forcées par les difficultés de vivre, mais il blâme énergiquement les excès d'une soldatesque victorieuse qui, pendant plus de vingt ans, et surtout sous l'empire, foula l'Allemagne sous son despotisme écrasant et suscita contre la France une haine terrible et universelle qui dure encore et qui nous a valu la perte de l'Alsace et de la Lorraine. Philippe Girault fut bon, même pour les vaincus, et bien des aventures qu'il raconte simplement viennent témoigner de son humanité.

En considération des bonnes actions que l'on trouvera semées dans presque tous les chapitres de son histoire, on voudra bien l'excuser d'avoir raconté avec quelque complaisance les bonnes fortunes et les fredaines du brillant hussard de 1800, qu'on eût difficilement reconnu dix ans plus tard, sous l'habit de chœur qu'il endossait deux fois par jour pour accompagner au lutrin les chants d'église.

Sa vie devint alors aussi régulière et aussi paisible qu'elle avait été agitée. Uniquement occupé à élever sa famille, composée de cinq enfants, il mena une vie toute de travail, employant le temps que lui laissaient ses fonctions à la cathédrale, à donner des leçons de musique, à faire sa partie dans l'orchestre du théâtre, dans les concerts. A ce métier, on s'en doute bien, il ne s'enrichit pas ; mais, à défaut de fortune, il sut acquérir la considération et l'estime de ses élèves et l'amitié de tous les artistes ses collègues.

Lorsqu'il mourut, le 3 mars 1851, le *Journal de la Vienne* lui consacra l'article nécrologique suivant :

« *L'un des doyens de MM. les artistes musiciens de Poitiers, M. René-Philippe Girault, ancien*
» *maître de chapelle à la cathédrale, a terminé hier matin, à l'âge de 74 ans, sa laborieuse et*
» *honorable carrière.*

» *Comme professeur, comme artiste et comme homme, M. Girault jouissait de l'estime générale,*
» *et il la méritait à tous égards.*

» *Nous sommes convaincu que M. Girault n'a jamais dû avoir d'ennemis, pas plus qu'il n'a*
» *pu jamais être l'ennemi de qui que ce soit.*

» *Son caractère doux et bienveillant, son obligeance inépuisable, son talent réel et sa grande*
» *modestie, lui avaient concilié l'affection sincère de tous ses confrères et la considération de toutes*
» *les personnes qui pouvaient être en rapport avec lui.*

» *Ses obsèques ont eu lieu dans l'église cathédrale, au chœur de laquelle il était attaché depuis*
» *sa sortie du service militaire, c'est-à-dire depuis quarante-et-un ans.* »

Nous n'avons rien à ajouter à ce témoignage public d'estime donné à notre père. Ce nous est un grand honneur de savoir qu'il a été ratifié par tous ceux qui l'ont connu.

Charles Girault.

La Rochelle, 21 Décembre 1883.

PREMIÈRE PARTIE

1791 - 1801

MES CAMPAGNES

SOUS LA RÉVOLUTION ET L'EMPIRE

I

AU RÉGIMENT DE PERCHE

J'abandonne la maison paternelle. — En route pour la Rochelle. — A l'île de Ré. — Je m'engage comme musicien dans le régiment de Perché (6 mars 1791). — A Brest. — A Fort-Louis. — La guerre est déclarée. — Au camp de Plausen. — Nos officiers émigrent. — La France est envahie. — Nous marchons sur la Champagne. — A Sainte-Menehould. — Bataille de Valmy (20 septembre 1792). — Louis-Philippe ÉGALITÉ. — Retraite des Prussiens. — Le roi de Prusse et Dumouriez. — Au camp de Saint-Vandel. — En route pour le dépôt à Strasbourg. — A l'hôpital. — Retour au régiment. — A Bitche, nous nous engageons dans le 6e bataillon de la Haute-Saône (10 décembre 1792).

NTRÉ au chapitre de Sainte-Radégonde de Poitiers, comme enfant de chœur, à l'âge de quatre ans et demi, j'y restai pendant plus de dix ans. La révolution vint, et, comme les chapitres étaient supprimés, on me renvoya. Mon père, qui était tailleur de pierre, me fit travailler avec lui. Le métier ne me plut pas et je résolus bientôt de quitter ma famille et de me faire soldat. Mais, ayant communiqué mon dessein à mes parents, ils me décidèrent à rester encore quelque temps au milieu d'eux. Cependant au bout de quelques jours, comme je m'ennuyais beaucoup, je pris la résolution de partir sans rien dire. Un matin, me trouvant seul, je prends mon paquet, quelque argent et je me mets en route pour la Rochelle où j'avais un oncle.

Me voilà donc en chemin, non pas sans inquiétude : je regardais sans cesse derrière moi croyant toujours que l'on me poursuivait. J'arrivai le soir même à Saint-Maixent et le lendemain j'étais à

Niort. J'avais, dans cette ville, un ami qui était musicien dans le régiment de Lorraine-cavalerie. J'allai le voir et le priai de tâcher de me faire engager. Il fit bien des démarches, mais j'étais trop bel homme, on ne voulut pas de moi. Après deux journées de séjour à Niort, je m'acheminai vers la Rochelle. En arrivant, j'allai voir mon oncle qui me reçut assez mal. Le lendemain je rendis visite au chef de musique du régiment de la Sarre et le priai de me proposer comme musicien ; mais je fus aussi heureux qu'à Niort, ni mon âge ni ma taille ne pouvaient convenir. Cependant mes finances baissaient et mon oncle ne paraissait pas disposé à les renouveler, je pris donc le parti d'aller à l'île de Ré, où le régiment de Perche était en garnison. J'avais une lettre de recommandation pour un musicien, qui me fit bien accueillir. Je fus présenté au colonel, comte de la Ferté, qui refusa tout net de m'engager, disant qu'il avait assez d'enfants dans son régiment.

Cependant le chef de musique, qui avait éprouvé ma force, ne se tint pas pour battu. Il me conduisit chez le capitaine de musique qui, à son tour, voulut savoir quelles étaient mes connaissances musicales. Il me donna d'abord un recueil de romances que je chantai fort bien, puis un concerto de clarinette dont je me tirai probablement bien, quoiqu'il fût difficile, car le capitaine me proposa de me garder auprès de lui afin de cultiver les heureuses dispositions que j'avais pour la musique, en promettant de me traiter comme son fils. Moi, qui croyais que mon bonheur serait au comble lorsque je serais soldat, je refusai ces belles propositions et priai seulement le capitaine de me faire recevoir dans sa compagnie. Il me le promit, et, le lendemain, j'étais soldat-musicien (6 mars 1791).

On me donna une clarinette, instrument dont je jouais un peu, et, au bout de quelques jours, je pus commencer mon service, vêtu d'un vieil habit qui me descendait jusqu'aux talons : on n'avait pu en trouver un à ma taille, ce qui ne m'empêchait pas d'être content comme un roi. Mon contentement ne fut pas de longue durée. J'allais tous les jours voir faire l'exercice et je m'étudiais à faire comme les conscrits. Me voyant d'aussi bonne volonté, on m'intima l'ordre de venir chaque jour à la manœuvre pour mon propre compte. Cela ne faisait plus mon affaire et me déplaisait beaucoup. Je demandai au caporal, qui était chargé de m'instruire, s'il n'y avait pas quelque expédient pour m'exempter de l'exercice. Il me conseilla de dire à mon capitaine que j'avais mal au cou, que je ne pouvais pas tourner la tête. Je le fis et je fus exempté jusqu'à ma guérison qui ne vint pas vite. Quelques jours après on me fit signer mon engagement et à cette occasion on me toisa : j'avais 4 pieds 10 pouces.

*
* *

Au bout de quelques mois nous reçûmes l'ordre de quitter l'île de Ré. Nous vînmes à la Rochelle, puis nous passâmes à Nantes et de là à Brest, notre nouvelle garnison. Jusqu'à présent j'avais reçu la paye ordinaire du soldat, 3 livres par mois ; mais notre second basson ayant pris son congé, on me donna sa place. Mon capitaine me fit passer à l'état-major et j'eus dès lors 21 livres 10 sous. J'étais gros seigneur ; je n'étais plus susceptible d'appel, ni de corvée, je vivais avec les sous-officiers.

Je me trouvais probablement trop heureux ; car un de nos bataillons ayant reçu l'ordre d'embarquer, j'allai avec deux autres musiciens prier le colonel de nous incorporer comme soldats dans le bataillon expéditionnaire. Il nous refusa et nous ne pûmes mettre suite à nos projets d'expédition maritime. Du reste l'ordre fut changé, on nous fit partir tous pour Verdun où nous devions aller tenir garnison. Mais, arrivés à Châlons, on nous dirigea sur Fort-Louis, où nous arrivâmes après cinquante-trois jours de marche. Nous y restâmes deux mois.

*
* *

Dans cet intervalle la guerre avait été déclarée. On nous fit partir pour le camp de Plausen (près de Strasbourg), qui était commandé en chef par le général Lamorlière, et en second par le prince de Broglie. Quoique l'ennemi attaquât de tous côtés la frontière de France, nous restâmes quelque temps fort tranquilles. Nous vivions dans l'abondance, ne nous occupant que de manœuvres et de fêtes. Nous reçûmes un jour la visite du maréchal Luckner, qui vint sonder les dispositions de notre armée pour le roi. Il trouva peu de sympathie parmi les soldats, malgré tout le soin qu'il prit pour les gagner.

Quelques jours après, ayant appris que l'ennemi entrait en France, les soldats demandèrent hautement à marcher au secours de leurs frères. Les généraux et officiers se voyant dans l'impossibilité de les retenir se retirèrent et émigrèrent. Le camp fut levé de suite et l'on nous dirigea sur les fameuses lignes de Wissembourg où l'armée de Custine vint nous rejoindre. Notre régiment fut envoyé à Lauterbourg, dans le camp retranché qui avait été formé sur les bords du Rhin, en face des légions de Condé et de Mirabeau où étaient presque tous nos officiers émigrés.

* *

L'ordre vint bientôt de partir. L'ennemi entrait en Champagne. Nous dûmes rejoindre l'armée formée dans cette province sous les ordres du général Kellermann. Nous passâmes par Haguenau, Phalsbourg, Bar-le-Duc, Vitry-le-Français et nous arrivâmes le 19 septembre 1792 dans les plaines de Sainte-Menehould, où l'ennemi était campé.

Dès le lendemain matin de bonne heure j'entendis ronfler le canon. Le tambour ayant battu aux vivres, j'allai à la viande avec un de mes camarades. L'endroit où se faisait la distribution était éloigné du camp et nous attendîmes longtemps avant que notre tour vînt d'être servis. Aussi à notre retour ne trouvâmes-nous plus personne au camp : notre régiment avait changé de position. Nous nous mîmes à sa recherche et comme nous ne pûmes obtenir aucun renseignement, nous marchions à l'aventure. Arrivés sur une hauteur, nous découvrîmes de tous côtés des troupes ; mais l'éloignement nous empêchait de reconnaître les uniformes. Nous allions cependant descendre le coteau, lorsqu'un officier vint sabre en main fondre sur nous, nous criant : « Arrêtez, scélérats. » Il nous prenait pour des déserteurs. Sans lui nous allions à l'ennemi ; car le gros de troupes que nous avions vu, c'étaient des Prussiens. Nous lui expliquâmes que nous étions égarés et le priâmes de nous indiquer la position de notre régiment. Il nous montra un moulin à vent et nous dit que nous devions trouver notre brigade près de là.

Nous nous mîmes de suite en marche, et, pour abréger la route, nous voulûmes descendre directement la colline sur laquelle nous nous trouvions ; mais les boulets qui sifflaient sur nos têtes nous forcèrent à prendre un chemin moins direct mais aussi moins dangereux. C'est là que je vis pour la première fois des morts et des blessés. J'éprouvai d'abord une pénible sensation ; mais j'en vis bientôt un si grand nombre que je m'y habituai et ma sensibilité fut cuirassée pour bien longtemps.

J'eus bientôt rejoint mon régiment, qui prenait part au combat. Au moment où le feu était le plus animé, le fils du duc d'Orléans, surnommé général ÉGALITÉ (Louis-Philippe), vint au milieu de notre musique et nous dit : « Musiciens, il y a assez longtemps que l'on joue Ça ira, jouez-nous donc Ça va. » A l'instant nous nous mîmes à jouer et toutes les musiques en firent autant. Mais cela ne dura pas longtemps ; car le morceau était à peine commencé que deux de nos musiciens étaient blessés et un tué, ce qui fit bien vite cesser la musique. Pour moi je n'étais pas trop rassuré, car c'était la première fois que je voyais le feu. Heureusement j'en fus quitte pour avoir mon habit tout emplâtré de la cervelle d'un officier qui fut tué à quelques pas devant moi. La même décharge d'artillerie qui nous avait épouvantés, avait emporté vingt-et-un hommes du premier rang de notre cinquième compagnie. Nous étions obligés de nous coucher par terre à chaque instant pour éviter les éclats d'obus.

Dans la matinée on ramassait bien les blessés pour les porter au village. Mais l'ennemi ayant dirigé quelques pièces de canon dans un fond où il fallait passer, il arriva que ceux qui portaient les blessés étaient tués en même temps que les blessés. Aussi fut-on bientôt obligé de forcer les soldats à faire ce service et beaucoup de malheureux périrent faute de soins. A ce propos, je me rappelle avoir vu un soldat porter un blessé sur ses épaules. Ce dernier eut la tête emportée par un boulet et celui qui le portait marcha encore plus de dix pas sans s'en apercevoir. Quelque étonnant que paraisse ce fait, j'en garantis la vérité.

Ce combat, qui porte le nom de BATAILLE DE VALMY, à cause du petit village de ce nom près duquel il fut livré (20 septembre 1792), dura depuis six heures du matin jusqu'à huit heures du soir. Notre régiment resta dans la même position, pendant tout ce temps, la pluie sur le dos, dans des terres grasses et sans vivres. L'action avait été trop chaude pour que l'appétit pût venir pendant la journée ; mais le soir on songea à manger. Les soldats se rendirent au village et trouvèrent dans quelques maisons du pain que les Prussiens avaient fait préparer la veille fort à propos pour nous. On en trouva surtout dans le moulin à vent auquel on mit le feu, après avoir attaché le meunier aux ailes, sans doute parce qu'il avait trop bien reçu l'ennemi.

Nous étions à nous chauffer au feu du moulin, lorsque nous reçûmes l'ordre de changer de position. Nous nous mîmes en marche au milieu de terres labourées qui avaient été imbibées d'eau toute la journée. Mes sous-pieds de guêtre se cassent, mes souliers à tout instant restent dans la boue. Un train d'artillerie passe, je monte sur une pièce de canon ; mais on vient bientôt me faire descendre. La terre n'est plus qu'une pâte : je ne tarde pas à perdre un de mes souliers. Un escadron de cavalerie arrive, je lui fais place au plus vite et je perds mon autre soulier. Me voilà donc, la nuit, seul et nu-pieds au milieu de véritables fondrières et sans savoir où me diriger ; j'avais perdu tout à fait la ligne de ma division. Je trouve bientôt un compagnon d'infortune, un sergent qui, comme moi, s'est écarté et ne sait plus où porter ses pas. Nous continuons notre route à la grâce de Dieu ; mais nous sommes arrêtés au bout de quelque temps par un aide de camp qui nous apprend que nous sommes près de l'ennemi et qui nous indique la position de notre brigade. Nous suivons ses indications et avec beaucoup de peine et une marche de toute la nuit, nous arrivons à la pointe du jour à notre régiment.

Je trouvai tous mes camarades couchés dans la boue ; je m'apprêtais à en faire autant, car j'étais harassé de fatigue, lorsque le colonel, qui était près de là, m'appela et me demanda d'où je venais et pourquoi je n'avais pas fait route avec le régiment. Je lui racontai ce qui m'était arrivé. Il en fut tellement touché qu'il eut la bonté de demander pour moi aux soldats qui l'entouraient une paire de souliers. Il en trouva une qu'il paya six francs et qu'il me donna. Puis, il me fit servir une bonne goutte d'eau-de-vie et s'informa de ma position, de mon âge (j'avais alors à peine 17 ans et j'étais petit et mince). « Petit, me dit-il, vous êtes bien jeune ; mais vous en avez déjà plus vu depuis hier, que tous nos anciens dans les guerres de Hanovre. »

Au jour, les troupes sous les armes s'attendaient à la reprise du combat. Mais le général en chef Dumouriez négociait en secret une trêve avec le roi de Prusse. Notre régiment fut désigné pour former la garde du général Kellermann, qui était logé à Dampierre. Pendant que nous étions cantonnés dans ce pauvre village, on vint nous annoncer que le roi de Prusse allait passer pour se rendre à Sainte-Menehould, auprès du général Dumouriez. On nous fit mettre en grande tenue, et le roi, avec le duc de Brunswick, passa devant notre régiment. Le général Kellermann fut invité par eux à les accompagner à Sainte-Menehould, mais il refusa. Peu de jours après nous levâmes le camp et nous fûmes destinés à conduire les Prussiens au-delà des frontières.

Notre marche fut longue, nous ne faisions que deux ou trois lieues par jour en bivouaquant toutes les nuits. Il fallait donner le temps aux Prussiens d'évacuer leurs blessés et leurs malades qui étaient dispersés de tous côtés. Leurs chevaux ne pouvaient plus marcher, de telle sorte que si nous les eussions poussés un peu plus vivement, ils auraient été obligés de laisser leur artillerie et leurs bagages en notre pouvoir. Nous ne les quittâmes qu'à Longwy, dont ils s'étaient emparés un mois auparavant et qu'ils s'empressèrent d'évacuer.

**

On nous envoya alors en Lorraine. Nous y étions trop bien pour y rester longtemps. Avant la fin de l'année, nous reçûmes l'ordre de partir pour Sarrelouis, où l'on rassemblait une armée sous les ordres de Beurnonville, pour marcher sur Trèves. Nous fîmes partie de l'avant-garde commandée par le général Ligueville. On nous dirigea sur Saarbruck, Homburg, puis près de Saint-Vandel, où l'on forma le camp. Nous étions alors au mois de novembre : la saison était dure. Il nous fallait coucher sous la tente par la pluie et le froid. Cela ne me plaisait pas beaucoup. Aussi, ayant quelque argent, j'allai loger en ville avec un de mes camarades. Nous y restâmes trois jours.

Pendant ce temps mes camarades, les autres musiciens, qui s'ennuyaient au camp, trouvèrent le moyen de le quitter. Un d'eux avait la gale, ils s'imaginèrent de dire que nous l'avions tous et ils parvinrent à faire signer, par le chirurgien-major qui n'y regardait pas de si près, un billet d'hôpital pour eux et même pour moi. Nous n'étions que neuf en tout, huit musiciens et la grosse-caisse. On vint me trouver à la ville et me conter cette nouvelle. Cela m'ennuyait bien d'aller à l'hôpital sans être malade, mais je ne pouvais pas me séparer de mes camarades. Notre dépôt était à Strasbourg : c'est vers cette ville que nous nous dirigeâmes, avec nos instruments; car le colonel s'était refusé à nous les laisser mettre au fourgon, en nous disant qu'un musicien ne devait pas plus se séparer de son instrument qu'un soldat de son fusil.

Notre route se passa assez gaiement, nous étions en fonds, on nous avait payé un mois au moment de notre départ. Entre Tholey et Sarrelouis, nous rencontrâmes le général Beurnonville. Et comme nous n'étions pas sur la route, pour éviter la boue, il crut que nous cherchions à nous cacher. Il envoya un officier pour savoir qui nous étions et où nous allions. Mais trouvant son aide de camp un peu lent, il vint lui-même au galop sur nous en nous traitant de scélérats, de déserteurs et nous menaçant de faire braquer une pièce de canon sur nous. Cela lui aurait été bien facile, car il était suivi d'un immense train d'artillerie. Un vieux musicien, notre doyen, s'avança vers lui et lui dit : — « Général, j'ai vingt-quatre ans de services ; bien des boulets m'ont passé sur la tête et ne me l'ont pas fait baisser. Ni vous, ni vos canons ne me font peur. Nous ne sommes point des déserteurs, ni des scélérats comme vous le dites. C'est avec la permission de nos chefs que nous allons à l'hôpital, car nous sommes malades et sans cela nous n'aurions point abandonné nos drapeaux. — Allez donc au diable, répondit le général un peu radouci, et que je ne vous revoie plus. »

Nous nous arrêtâmes à Sarrelouis où l'on nous mit loger chez un boulanger qui ne put nous procurer pour chambre à coucher que son grenier à foin. Dès le point du jour nous étions debout et nous étions déjà partis, lorsqu'un de nos camarades s'aperçut qu'il oubliait ses culottes. Il les avait laissées pour se mettre dans le foin, et ayant un bon caleçon, il ne s'était aperçu qu'en plein air de son oubli.

A Bitche, nous nous trouvâmes logés avec des officiers d'un bataillon de volontaires qui venait de se former. Ils nous proposèrent de nous engager en nous promettant de bons appointements. Sans l'opposition de deux d'entre nous qui servaient depuis très longtemps dans le régiment et qui ne pouvaient se décider à le quitter, nous aurions fait affaire. Nous nous contentâmes de pitancer aux dépens des officiers qui nous avaient payé la régalade après la musique que nous leur avions faite. Le lendemain nous étions sur la route de Strasbourg où était notre dépôt.

A notre arrivée dans cette ville, nous nous rendîmes chez le commandant qui nous reçut assez mal. L'ayant prié de profiter de notre séjour à l'hôpital pour faire restaurer nos instruments qui étaient en fort mauvais état (le mien n'avait que des clés de plomb que j'avais faites moi-même), il nous répondit : — « Si vos clarinettes sont cassées, j'en ai d'autres en magasin qui sont solides, vous pourrez choisir. » C'étaient des clarinettes de cinq pieds qu'il nous offrait. Nous n'acceptâmes pas, bien entendu. Le lendemain, il nous fallut entrer à l'hôpital. Nous fûmes bientôt las d'être malades : nous sortîmes comptant rester au dépôt. Mais au bout de quelques jours on nous intima l'ordre de rejoindre le régiment, et il fallut se mettre en route par le même chemin.

Arrivés à Bitche, nous rencontrâmes les officiers que nous avions déjà vus. C'étaient pour la plupart des jeunes gens de bonne famille, qui tout frais sortis de leur pays avaient le gousset bien garni. Ils nous payèrent de nouveau bombance et firent de nouvelles instances pour nous garder avec eux, si bien qu'à la fin nous y consentîmes. C'était une espèce de désertion, mais il y avait alors un tel désordre dans l'armée que nous étions sûrs de l'impunité. Du reste nous avions pour complices les officiers du bataillon. Le conseil d'administration nous signa à tous un engagement et dès lors je fis partie du 6e bataillon de la Haute-Saône avec 60 francs de haute paye par mois (10 décembre 1792). Nous fîmes quelques recrues, et nous eûmes bientôt une musique excellente.

II

AU 6ᵉ BATAILLON DE LA HAUTE-SAONE

Armée de la Moselle. — Un Représentant du peuple aux armées. — La déroute. — La *Masse*. — Je dors vingt-six heures. — A Thionville. — Déblocus de Landau. — Cinq jours sans vivres. — Retraite des Prussiens. — Nous passons la frontière. — Nous rétrogradons faute de vivres. — Nous sommes attaqués près de Homburg. — Pris entre deux feux. — Un hussard d'Austrasie me sauve la vie. — Une femme soldat. — Blocus de Mayence. — A la découverte. — Surpris par l'ennemi au milieu de la nuit. — Nous reprenons notre position. — En retraite après la reddition de Mayence (23 juillet 1793). — Une histoire de vache dont il sera reparlé. — Nous ravageons la frontière. — Puis nous jeûnons. — Les provisions d'un ermite.

E 6ᵉ bataillon de la Haute-Saône, dans lequel nous venions de nous engager, faisait partie de l'armée de la Moselle chargée de défendre la frontière depuis Longwy jusqu'à Bitche. La France était de nouveau envahie de tous côtés par l'ennemi, on nous fit entrer en campagne pour essayer de l'arrêter. On nous envoya faire une attaque sur Pirmasens ; mais notre première rencontre avec l'ennemi ne fut pas à notre avantage.

Un Représentant du peuple qui était attaché à l'armée nous fit faire deux lieues au pas de charge pour joindre l'ennemi, puis il fit mettre le bataillon en colonne serrée et ordonna à la musique de jouer *Ça ira*. A peine avions-nous commencé qu'un obus tombe au milieu de notre cercle et fait cesser la musique, sans cependant nous faire de mal. Le Représentant fait alors battre la charge et, malgré les observations du général qui voyait l'impossibilité d'engager le combat, il ordonne de marcher en avant. Nous autres musiciens nous nous retirons dans une ferme qui était près de là, pour soigner les blessés qu'on y transportait et aussi pour nous mettre à l'abri. Nous n'y restâmes pas longtemps : les boulets vinrent nous en chasser. Je mets le nez dehors, je vois alors notre armée dans une déroute complète et l'ennemi sur nos talons. J'appelle mes camarades et nous voilà à courir à toutes jambes.

Les boulets et la mitraille qui sifflaient autour de nous accéléraient notre course ; mais je fus bientôt si fatigué que j'allais me laisser tomber, lorsque passe un cavalier. J'attrape la queue de son cheval et je me laisse traîner. J'arrivai ainsi jusqu'à un bois que longeait une route. Beaucoup suivaient déjà la route, mais on s'aperçut qu'elle était coupée par l'ennemi et il fallut rebrousser chemin. Heureusement qu'un paysan nous indiqua un sentier à travers le bois, ce qui nous permit de continuer notre retraite.

Au sortir du bois nous entrâmes dans une prairie où il y avait plusieurs sources. Je n'en pouvais plus de chaleur et de soif, et j'allais me jeter le ventre à terre et me désaltérer; mais je vis, le nez dans l'eau et ne pouvant plus se relever, plusieurs soldats qui m'avaient précédé : la fraîcheur de la source les avait tués. Je fus alors plus prudent et je me contentai de prendre de l'eau dans mes mains et de me la jeter à la figure.

L'ennemi nous poursuivait toujours de très près. Il fallait trouver des jambes ou périr, car on ne faisait pas de prisonniers. Avec bien de la peine, je parvins à gagner le pied des coteaux d'Hornbach. Je me croyais sauvé, car on nous avait dit que *la Masse* dominait les hauteurs ; mais les premiers boulets de canon firent déguerpir, encore plus vite que nous, ces soldats improvisés provenant de la levée en masse et armés de piques, de faux et autres armes primitives. Je me voyais perdu, il ne me restait plus de forces, j'étais épuisé de fatigue et de besoin. Un officier de mes amis vint à passer et me donna quelques prunes à sucer. Ce n'était pas grand'chose, cependant ce fut assez pour me donner la force de gravir le coteau. Là, j'étais véritablement à bout et il m'aurait fallu succomber, si un général n'était parvenu, en ralliant les fuyards, à réunir assez de soldats pour tenir tête à l'ennemi et garder la position.

Lorsque je vis qu'il n'y avait plus de danger, je me réfugiai dans une des baraques du camp qui avait été abandonnée subitement à l'approche de l'ennemi, et je ne tardai pas à m'y endormir profondément. Il était alors quatre heures du soir. Je fus réveillé le lendemain soir à six heures par un cantinier qui venait reprendre possession de sa baraque. Je croyais n'avoir dormi que deux heures, j'en avais dormi vingt-six. Pendant mon sommeil on avait dressé le camp et je trouvai mes camarades fort inquiets de moi : ils me croyaient mort. Je n'avais pas reçu une égratignure, mais j'étais comme un petit saint Jean, mon bagage ne me gênait pas. J'avais mis mon sac sur un caisson, et caissons, canons et bagages avaient été voir les Prussiens. On fit la récapitulation du bataillon : nous avions perdu quatre cents hommes.

*
* *

Pour nous refaire, on nous envoya en garnison à Thionville ; mais nous n'y restâmes pas longtemps. Il fallut rentrer en campagne pour le déblocus de Landau. C'était aux environs de Noël. Nous étions dans la neige et la glace jour et nuit ; on nous fit traverser un jour une rivière deux fois de suite avec de l'eau jusqu'à la ceinture. On nous envoya garder une gorge où l'on nous oublia. Nous fûmes cinq jours sans recevoir de vivres. J'avais de l'argent, c'est-à-dire des assignats, je me hasardai à aller dans un village près de là, mais il n'y avait plus rien, tout avait été ravagé. Il restait seulement des pommes de terre, mais personne ne voulut m'en vendre en échange de mon papier. Quelques paysans voulurent bien cependant me donner chacun deux ou trois pommes de terre, c'est avec cela que je me nourris pendant cinq jours.

Au bout de ce temps, des habitants de Bitche vinrent nous apporter des vivres. Nous avions dans notre bataillon plusieurs jeunes gens de la ville, et, quand on sut notre dénûment, les parents, les amis s'empressèrent d'envoyer des provisions. La dame chez laquelle j'étais logé avec le chef de bataillon envoya à celui-ci un cheval chargé de vivres. La servante qui était chargée de la commission et avec laquelle j'étais au mieux, ne m'avait pas oublié et, grâce à cette bonne fille, j'eus de quoi me régaler et régaler mes camarades. Mais quand tout fut consommé, il fallut de nouveau jeûner. Le commandant prit alors le parti d'envoyer à la découverte. Une moitié du bataillon fut détachée et passa la frontière.

L'expédition fut heureuse ; on ne rencontra pas d'ennemis. On entra dans un village qu'on mit à contribution. Tous les vivres disponibles furent chargés sur des charrettes et dirigés sur le camp qui se trouva alors dans l'abondance.

*
* *

Quelques jours après nous reçûmes l'ordre de partir. Landau était débloqué, les Prussiens battaient en retraite. Nous nous mîmes à leur poursuite. Tout le pays que nous parcourions avait été déjà ravagé par les troupes ennemies : nous continuâmes la dévastation. On ne respectait plus rien : les hommes étaient battus, les femmes maltraitées, les maisons saccagées, brûlées quelquefois ; on usait largement des tristes droits de la guerre. Pour moi, je voyais tout ceci avec peine. Je n'ai jamais aimé le pillage, aussi m'est-il arrivé souvent du désagrément pour avoir voulu l'empêcher. En résultat on fit tant et si bien qu'il n'y eut plus de quoi nous nourrir et qu'il nous fallut rentrer en cantonnement sur les frontières.

Au mois de mars nous recommençâmes nos ravages. Après avoir campé à Forbach, on nous dirigea sur Saarbruck, puis sur Homburg. Près de cette dernière ville notre avant-garde rencontra l'ennemi. On prit alors position et l'on s'apprêta au combat. C'était le général Chaubourg qui nous commandait. Il n'était pas des plus expérimentés, car, pendant qu'il attendait l'attaque des Prussiens, ceux-ci envoyaient une partie de leurs forces dans un bois qui était sur notre gauche, pour nous prendre entre deux feux. Je m'étais aperçu de ce mouvement de l'ennemi et comme je me trouvais près de l'état-major et que je voyais qu'on ne faisait rien pour l'empêcher, j'en avertis le général. Il ne m'écouta pas d'abord, mais prenant enfin sa lunette il fut bien obligé de reconnaître la vérité. Il envoya alors une démi-compagnie d'artillerie légère sur un mamelon qui était derrière nous ; mais, avant qu'elle y fut arrivée, l'ennemi s'en était emparé et il ne fallait pas songer à le disputer, car il était plus en forces que nous. Le général ordonna donc de battre en retraite.

Nous fîmes une lieue sans être trop inquiétés, mais à cette distance nous trouvâmes la route coupée par l'ennemi. Nous nous trouvâmes alors entre deux feux. Notre bataillon qui était sur les derrières pour soutenir la retraite prit la fuite. La débâcle devint alors générale et l'ennemi fut bientôt sur nous.

J'allais de compagnie avec le fils d'un sergent du bataillon de la Marne et sa sœur. Nous n'étions guère rassurés. Voyant tout le monde fuir à toutes jambes, nous nous mettons à courir pour entrer dans un bois qui se trouvait près de là. J'entends des cris. Je me retourne. Je vois un uhlan qui d'un coup de sabre fend la tête de mon compagnon et s'empare de sa sœur qu'il jette sur son cheval comme un sac. Un autre uhlan fond sur moi au galop et je me voyais au moment de mordre la poussière comme mon compagnon, lorsque heureusement arrive à fond de train un hussard d'Austrasie qui met en fuite le uhlan.

Les jambes me manquaient pour suivre mon libérateur. Il me traîna jusqu'à la route où il trouva un cheval abandonné. Il me jeta dessus et nous voilà partis au galop par un petit chemin qui traversait le bois. Les branches nous tapaient dans la figure, mais je ne sentais pas. Après une lieue de course, nous étions hors de danger et nous rejoignîmes la route où nous rencontrâmes des troupes qui venaient à notre secours. Nous mîmes alors pied à terre pour boire la goutte. J'aurais voulu régaler mon sauveur, mais je n'étais pas très foncé en argent. Heureusement je trouvai près de la cantinière mon quartier-maître qui buvait la goutte et à qui je contai mon aventure. Il vint avec moi et offrit sa bourse au brave hussard qui la refusa et se contenta de vider quelques bouteilles avec nous. Puis il me demanda de garder ses chevaux pendant qu'il ferait un somme. A son réveil il nous quitta et je ne l'ai plus revu.

⁎⁎⁎

Le lendemain matin nous partîmes avec le renfort qui nous était venu, pour reprendre la position que nous avions perdue la veille. Comme nous étions en marche, nous entendîmes à quelque distance de la route que nous suivions des cris perçants. Le chef de bataillon envoya un sapeur pour voir ce que c'était. J'allai avec lui. Arrivés à l'endroit d'où nous entendions les cris, nous vîmes un soldat étreignant dans ses bras le cadavre d'un militaire horriblement mutilé. Nous eûmes beaucoup de peine à l'arracher de cette affreuse position ; il s'acharnait à embrasser ce cadavre en poussant des gémissements déchirants. Enfin moitié de gré, moitié de force, nous parvînmes à l'emmener au bataillon. On le questionna, mais on ne put rien obtenir de lui et rien ne put le distraire de sa douleur. Une sensibilité si grande parut si extraordinaire chez un soldat qui assistait tous les jours à des scènes de carnage qu'on en vint à penser que ce pouvait bien être une femme. On l'interrogea, on l'épia et on finit par la menacer d'une visite du chirurgien. Elle fut alors forcée d'avouer qu'elle était femme et que le cadavre près duquel on l'avait trouvée était celui de son mari. Depuis trois ans elle servait avec lui et elle raconta qu'ils avaient dans leur pays un enfant qu'ils entretenaient sur leurs économies. Son mari mort, elle allait être obligée de retourner chez elle. La femme-soldat fut accueillie par toute l'armée avec le plus grand intérêt, chacun lui donna et elle ramassa ainsi une bonne bourse. Un rapport ayant été fait au gouvernement, il lui fut accordé, m'a-t-on dit, une pension de cent écus.

⁎⁎⁎

Nous restâmes pendant quelque temps à rôder de côté et d'autre, n'ayant avec l'ennemi que quelques petites escarmouches où le plus souvent nous n'avions pas l'avantage. Pendant ce temps les Français étaient bloqués dans Mayence. On forma une armée sous les ordres du général Houchard pour aller au secours des assiégés. Notre bataillon fut désigné pour faire partie de l'avant-garde et prit position sur la grand'route, dans un village à une lieue de Mayence.

Au bout de quelques jours les vivres manquèrent, il fallut aller à la découverte pour s'en procurer. Un détachement fut envoyé à cet effet. Je pris la carabine d'un capitaine, avec un paquet de cartouches, et je me joignis aux soldats, espérant ainsi me procurer plus sûrement de quoi manger. Après quelque temps de marche, nous nous trouvâmes devant un grand village qui paraissait désert. Cependant le commandant craignant quelque piège ne voulut pas y aventurer le détachement sans y envoyer quelques soldats pour sonder la position. Je demandai et j'obtins la permission de les accompagner. Nous pénétrâmes sans encombre jusqu'au milieu du village. Nous n'avancions qu'avec précaution, car nous nous doutions que les maisons devaient renfermer des soldats ennemis qui se tenaient tranquilles jusqu'à ce que nous soyons tout à fait engagés : ce qui était vrai. Heureusement pour nous, un coup de fusil donna le signal un peu trop tôt. A peine avions-nous tourné les talons qu'une grêle de balles sifflaient sur nos têtes. Nous prîmes notre course à travers le village que nous eûmes bientôt abandonné. Mais on nous poursuivait et il fallait rejoindre notre détachement qui était encore assez éloigné. Nous gagnâmes les vergers et à l'abri des gros arbres nous pûmes en tiraillant défendre notre retraite contre les fantassins qui nous poursuivaient. Mais des cavaliers étant survenus notre position devint plus critique et nous aurions succombé si nous n'avions eu le temps de gagner un petit bois. De là nous rejoignîmes notre détachement, puis notre village. Notre expédition ne nous avait rapporté que de la fatigue : de vivres point. Pour moi, je me promis bien de ne plus faire de vaillantise pareille et de laisser faire aux soldats leur service sans m'en mêler.

Peu de jours après, pendant la nuit, nous fûmes réveillés tout à coup par le bruit d'une vive fusillade. C'était l'ennemi qui tombait sur nos avant-postes et venait nous surprendre. Les soldats bivouaquaient dans les rues du village. Ils furent bientôt rangés en bataillon carré au lieu qui leur avait été désigné d'avance en cas d'alarme; mais les musiciens avaient obtenu la permission de coucher dans une maison et c'est en chemise et avec la culotte à la main que nous pûmes nous réfugier dans le carré. On attendit l'ennemi de pied ferme et l'on ne fit de décharge de mousqueterie que lorsqu'il fut presque à bout portant. La ferme contenance que garda notre bataillon imposa à l'ennemi, et, quoique de force bien supérieure, il nous laissa tranquillement battre en retraite sur un petit taillis qui était à une demi-lieue de nous. Nous y passâmes le reste de la nuit, avec défense de faire du feu pour ne point faire connaître à l'ennemi notre position. Au point du jour les factionnaires entendent marcher et crient : qui vive. C'était un brigadier du 9e chasseur qui était nu comme un ver. Sur le point d'être tué ou d'être fait prisonnier, il s'était couché dans un sillon faisant le mort. Son stratagème réussit et il en fut quitte pour être dépouillé complétement de ses vêtements. Un officier lui jeta son manteau sur le corps, un autre lui donna une paire de souliers et ainsi affublé il rejoignit son régiment.

Le matin, à cinq heures, notre général arriva avec un régiment de renfort; mais notre commandant demanda et obtint de marcher seul contre l'ennemi, disant qu'ayant perdu le village c'était à son bataillon seul de le reprendre. Nous nous mîmes en marche au milieu d'un fort brouillard et nous arrivâmes au village prêts à reconquérir vaillamment notre position. Mais l'ennemi avait déguerpi et nous y rentrâmes sans coup férir. Comme on soupçonnait avec raison les habitants d'avoir guidé l'ennemi par des chemins détournés, ordre fut donné de cerner le village, d'en chasser tout le monde, et, après l'avoir pillé, d'y mettre le feu. Tout cela fut exécuté et le lendemain nous partîmes pour aller prendre position sur les derrières de l'armée.

*
* *

Peu de temps après nous reçûmes la nouvelle de la reddition de Mayence (23 juillet 1793). La garnison avait été forcée par la disette de signer une capitulation et d'abandonner la ville aux Prussiens, après plus de trois mois d'une héroïque défense. Elle en sortit avec les honneurs de la guerre et sous la seule condition de ne pas servir pendant un an contre les puissances alliées. Il nous fallut au plus vite battre en retraite et regagner les frontières de France ; mais en partant nous reçûmes l'ordre d'emmener tout le bétail que nous pourrions trouver. Chevaux, bœufs, vaches, moutons, tout était chassé devant l'armée.

Nous arrivâmes dans un grand village dont les habitants étaient restés chez eux et nous avaient rendu précédemment de grands services. Cela n'empêcha pas de mettre tout au pillage. Moi qui n'aimais pas ce métier-là, je me rendis dans une maison du village dont les habitants, lors de mon dernier passage, m'avaient fort bien reçu. J'espérais par ma présence les protéger un peu. Effectivement je parvins pendant quelque temps à leur conserver une vache qui pourvoyait à la nourriture de la famille entière ; mais à la fin je ne pus résister à la force et on l'emmena. Je laissai ces pauvres gens dans la plus grande affliction ; j'étais moi-même fortement ému de leur douleur. En sortant de leur cabane, je ne vis plus mon bataillon : il était déjà en route. Je courais pour le rejoindre, lorsque j'aperçus une vache qui errait dans la campagne. Je songeai à celle qu'on avait prise aux pauvres gens que je venais de laisser et je résolus d'essayer de leur mener celle que je voyais. Je la pris par les cornes, et, sans difficulté, je les conduisis chez ces malheureux. Je les trouvai encore tout en pleurs ; mais leurs larmes se changèrent bientôt en larmes de reconnaissance, lorsqu'ils connurent l'objet de mon retour au milieu d'eux. Je fus obligé de m'arracher à leurs remerciements et à leurs bénédictions, et il était temps, car comme je sortais du village l'ennemi y entrait.

Nous ne nous arrêtâmes que sur les frontières de France où nous prîmes nos cantonnements. De temps en temps, sous les ordres d'un Représentant du peuple, nous faisions des expéditions en pays ennemi. Mais quelles expéditions ! Nous partions de notre camp la nuit, ayant à notre suite une cinquantaine de voitures, nous tombions à l'improviste sur un village qui était livré à la dévastation. On chargeait les voitures de tout ce qu'on pouvait ramasser, de tout ce qui pouvait être emporté. Les paysans étaient maltraités, tués quelquefois, les femmes violées, tout était permis. Cela ne pouvait durer. Lorsque tout fut dévasté et les vivres consommés, il nous fallut jeûner. Nous fûmes réduits à manger du pain d'avoine ou de pommes de terre, encore était-il distribué en très petite quantité. Comme je ne pouvais pas digérer le pain d'avoine, j'en fus réduit à me nourrir de cenelles et de prunelles.

Un jour que je me promenais dans la campagne pour recueillir cette frugale nourriture, j'aperçus au haut d'un coteau une petite maison. J'y montai : c'était un ermitage qui avait été déjà dévasté. J'entrai dans la petite chapelle qui en faisait partie. Plusieurs soldats vinrent m'y rejoindre. Nous aperçûmes une trappe à la voûte. L'idée nous vint de l'explorer et bien nous en prit. Comme j'étais le moins lourd, on me hissa au haut d'un banc d'où je pus atteindre la trappe et pénétrer dans la voûte. J'y trouvai toute la quête de l'ermite depuis au moins un mois, en morceaux de pain, de fromage, de lard, de jambon. J'avertis mes compagnons de ma découverte et, leur ayant jeté une corde, ils montèrent me trouver. Nous nous mîmes à faire un fort bon repas dans la voûte, puis j'emplis mon petit sac du reste des provisions et j'allai retrouver mon bataillon. Pendant quelques jours je vécus aux dépens de l'ermite ; mais je vis bientôt le fond du sac et il fallut recommencer à faire diète. Heureusement que nous changeâmes de position ; il était temps, car je crois que nous y serions morts de faim. Nous restâmes quelque temps tout à fait sur les frontières de France. Nous étions un peu mieux ; mais nous eûmes encore souvent à souffrir de la disette.

III

DANS L'ARMÉE DE SAMBRE ET MEUSE

Notre commandant quitte le bataillon. — Nous retournons dans notre ancien régiment qui devient la 102ᵉ demi-brigade. — Conquête de la Belgique sous Jourdan. — Saint-Hubert. — Blocus de Charleroi. — L'armée repasse la Sambre. — Prise de Charleroi (25 juin 1794). — BATAILLE DE FLEURUS (26 juin 1794). — Le ballon. — Retraite des coalisés. — Chute de Robespierre (28 juillet 1794). — Aix-la-Chapelle. — Cologne. — Je tombe malade. — A L'HÔPITAL à Cologne, puis à Juliers. — On m'évacue sur Aix-la-Chapelle. — A Liège. — Voyage en bateau sur la Meuse. — La nuit à Huy. — Chez un juif. — A l'hôpital de Namur. — Convalescence puis rechute. — Je guéris. — Retour au régiment. — La débâcle du Rhin. — Paix de Bâle (5 avril 1795). — La sacristine de la cathédrale de Cologne. — Passage du Rhin à Neuss. — Je fais le coup de fusil. — Pillage. — Prise de Dusseldorf (8 septembre 1797). — Les capucins. — La baronne émigrée. — Aventure galante. — Un émigré jardinier.

A cette époque, le commandant de notre bataillon nous quitta. Il était vieux et fatigué de la guerre : sa démission fut acceptée. Toute la musique regretta vivement son départ, c'était notre soutien à nous, musiciens. Il était fort riche et payait la musique presque à lui tout seul. C'était alors le corps d'officiers qui, par une retenue d'un ou deux jours de solde par mois, pourvoyait au traitement des musiciens. Or les officiers riches qui commandaient le bataillon, lors de sa formation, ou avaient été tués ou avaient changé de corps et ils avaient été remplacés par des sous-officiers qui n'avaient pour toute fortune que leur paye et qui ne se souciaient pas beaucoup d'en distraire une partie pour subvenir à l'entretien de la musique. Aussi après le départ de notre commandant il fallut songer à quitter notre bataillon et nous n'attendions plus qu'une occasion qui était désirée autant par nous que par nos officiers.

Ayant appris que notre ancien régiment, le 30ᵉ de ligne, anciennement régiment de Perche, était cantonné à deux lieues seulement de nous, nous résolûmes d'aller le revoir, ne craignant pas d'être inquiétés, car il y avait eu amnistie pour tous les déserteurs. Nous fûmes fort bien reçus par nos anciennes connaissances, et le colonel, ayant appris notre présence, nous fit demander. Il nous proposa de rentrer au régiment comme musiciens, nous disant qu'il venait de recevoir l'ordre du ministre de former une musique et qu'on mettait mille écus à sa disposition pour l'achat des instruments. Nous lui répondîmes que nous ne demandions pas mieux de retourner sous son commandement, mais que nous désirions toucher le même traitement que celui qui nous était alloué dans notre bataillon. Le colonel, ne trouvant rien d'exorbitant dans nos conditions, convoqua le corps d'officiers et les lui fit adopter. Nous signâmes tous des engagements et il fut convenu que l'absence que nous avions faite hors du régiment compterait dans nos états de service. Après être retournés à notre bataillon pour faire accepter notre démission, nous revînmes remplir notre nouvel engagement (9 mars 1794).

A quelque temps de là on réorganisa l'armée. On amalgama avec notre régiment le 7e bataillon de volontaires de Rhône et Loire et le 4e de Paris. Nous formâmes alors la 102e demi-brigade. Chaque bataillon incorporé ayant une musique, nous nous trouvâmes une soixantaine de musiciens ; mais une partie ayant pris leur congé, nous ne restâmes que vingt-cinq.

.

Cependant à la guerre de dévastation que nous faisions depuis si longtemps allait succéder une guerre plus sérieuse. Notre régiment fut incorporé dans l'armée de Sambre et Meuse commandée par Jourdan et, sous les ordres de ce général, nous allions prendre part à la conquête de la Belgique. Les premières marches nous conduisirent près de Saint-Hubert, petite ville du Luxembourg belge, célèbre par sa fabrication de bagues et chapelets. Nous bivouaquâmes dans un bois, mais dans la nuit nous fûmes obligés d'entrer en ville pour éteindre le feu qui avait pris dans les baraques adossées à l'église et remplies d'objets de piété. Ces baraques avaient été construites pour la célèbre foire ou pèlerinage qui se tient près de la chapelle contenant les reliques du saint patron des chasseurs, et où il se fait un grand commerce d'amulettes ayant, dit-on, le pouvoir de mettre les bêtes et les gens à l'abri de la rage.

De Saint-Hubert on nous dirigea sur Dinant puis sur Charleroi où l'ennemi, qui battait en retraite devant nous, nous attendait. Mais à notre approche il se jeta dans la ville. Nous passâmes la Sambre et pendant qu'on établissait le blocus autour de Charleroi, notre division et celle du général Lefebvre se portèrent en avant. Le 28 mai, au matin, nous marchâmes contre l'ennemi que nous avions reconnu la veille. Un très fort brouillard rendait notre marche incertaine et nous empêchait d'apercevoir les mouvements des Autrichiens qui étaient eux aussi sortis de leurs cantonnements dans l'intention de nous surprendre. Les deux têtes de colonnes arrivèrent presque à bout portant sans se reconnaître. La fusillade s'engagea et notre division eut à peine le temps de se mettre en bataille pour faire face à l'ennemi. Mes camarades et moi nous nous réfugiâmes derrière un village, dans les vergers, où nous trouvâmes quantité de musiciens qui venaient comme nous se mettre à l'abri. Un caporal qui, pour s'échapper du feu, était venu parmi nous fut puni de sa lâcheté. Un obus égaré, ayant éclaté au milieu de nous, lui cassa la jambe sans faire de mal à aucun autre.

Cependant, comme la position devenait dangereuse, nous poussâmes plus loin jusqu'à un village distant d'une demi-lieue. Nous y restâmes quelques heures à attendre le résultat de l'affaire. Comme le temps s'écoulait et que nous étions sans nouvelles, j'allai à la découverte. Arrivé en plaine, je m'aperçus que toute notre division avait battu en retraite. Je trouvai un aide de camp auquel je demandai la position de mon régiment. Il me dit qu'il était resté en arrière pour soutenir la retraite et que, si je tenais à ma peau, je ferais bien de ne pas l'attendre. Je ne me le fis pas dire deux fois. Je gagnai en courant le village où j'avais laissé mes camarades, mais ils en avaient été délogés par l'ennemi. Je me sauvai au grand galop à travers les vergers, non sans avoir entendu quelques balles siffler à mes oreilles. Toute l'armée repassa la Sambre et revint occuper le camp de la Tombe.

Nous y restâmes deux jours, puis nous repassâmes la rivière et allâmes camper dans un bois à une lieue de Charleroi. Pendant que nous étions là en observation, la division commandée par le général Hatri poussa vigoureusement le siège de cette place et força le gouverneur à capituler (25 juin 1794), le jour même où l'armée autrichienne arrivait en force pour faire lever le siège.

*
**

Le lendemain, au point du jour, les armées qui se trouvaient en présence se disposèrent à combattre et alors s'engagea la célèbre BATAILLE DE FLEURUS (26 juin 1794). C'est à cette bataille que l'on fit usage pour la première fois d'un ballon pour observer les positions de l'ennemi, ce qui fut bien utile, attendu que le lieu du combat était très boisé. Deux officiers étant montés dans la nacelle, le ballon fut lancé à l'endroit même où j'avais dressé ma tente : il était retenu par quatre câbles. Le général en chef Jourdan vint se placer près de là et me prit pour servir d'appui à sa lunette d'approche qu'il plaça sur mon épaule. A chaque instant les officiers qui étaient dans la nacelle jetaient des billets enfermés dans de petits sacs pleins de sable. Le général en prenait connaissance et, d'après leur contenu, donnait ses ordres.

Sur les trois à quatre heures, l'ennemi vint en masse pour forcer nos redoutes armées de pièces de huit, de douze et de seize. Il se jeta sur la droite que commandait le général Lefebvre. Celui-ci fit coucher une partie de ses troupes dans les retranchements et ordonna aux autres de faire le simulacre de se retirer dans les bois. C'était une ruse de guerre qui réussit parfaitement. Les Autrichiens, croyant nos redoutes abandonnées, voulurent les escalader sans prendre aucune précaution ; mais à un signal donné les troupes qui étaient couchées se relèvent et reçoivent à bout portant les imprudents qui s'étaient engagés dans nos retranchements. Dans le même moment la cavalerie fut lancée dans les rangs déjà rompus de l'ennemi et y jeta un désordre tel que toute l'armée fut obligée de lâcher pied et de battre en retraite au plus vite. Nous poursuivîmes les fuyards et fîmes une grande quantité de prisonniers.

La bataille de Fleurus détermina la retraite des coalisés. Lancés à leur poursuite, nous ne nous arrêtâmes que devant Liège où nous campâmes pendant plus de deux mois. C'est là que nous reçûmes la nouvelle de la chute de Robespierre, Saint-Just et autres (9 thermidor an III — 28 juillet 1794). Cet événement fut salué au camp par de grandes réjouissances.

Le deuxième jour sans culotide (18 septembre), nous effectuâmes le passage de la Meuse à Liège, sans que l'ennemi y mît obstacle : il fuyait comme un lapin. Nous parvînmes cependant à l'atteindre près de Erve où il essaya de se défendre dans une forte position, au milieu de vergers qui rendaient l'emploi du canon fort difficile ; mais il ne put résister à la fougue endiablée de nos soldats, et, après avoir laissé sur le terrain une grande quantité de morts et de blessés, il recommença à battre en retraite. Nous traversâmes à la course Aix-la-Chapelle et arrivâmes en trois jours dans les plaines de Cologne où nous nous attendions bien à trouver l'ennemi ; mais il avait eu peur de boire un coup dans le Rhin et nous avait laissé le champ libre.

L'armée se mit en bataille devant la ville de Cologne et notre brigade seule reçut l'ordre d'y entrer. Nous nous attendions à recevoir des billets de logement ; mais on fit apporter de la paille sur la place et il nous fallut coucher à la belle étoile. Ce ne fut que le lendemain qu'on nous logea chez le bourgeois. Il y avait plus de trois mois que je n'avais pu m'étendre dans un lit, jugez avec quelles délices je passai la première nuit dans des draps.

J'étais logé chez un fabricant de bas qui me reçut assez mal ; mais, ayant eu occasion de lui rendre un service signalé, il changea de manière d'être avec moi et je n'eus plus qu'à m'en louer. Les Français abondaient dans son magasin et en quelques jours il eut été débarrassé de tous ses bas et du même coup ruiné, si je n'avais pas pris la défense de ses intérêts. On ne le payait qu'en papier. Or les assignats ne valaient guère à cette époque que le dixième de leur valeur, c'est à dire qu'un assignat de dix francs n'était reçu que pour un franc. Je les ai vus encore plus bas : j'ai vu payer un habit huit cents francs et une paire de bottes quatre cents francs. Mon bourgeois qui se croyait obligé d'accepter le papier au taux légal, vendait donc ses bas dix fois au-dessous de leur valeur. C'était la ruine, si je n'avais imaginé de déclarer pour lui que toutes ses marchandises étaient réquisitionnées pour les besoins de l'armée et qu'il ne pouvait plus en vendre. Il ferma boutique : c'était le seul moyen de conserver sa marchandise.

**

J'étais bien logé, bien nourri et je me trouvais fort heureux, quand tout à coup je tombai malade. Mes bourgeois, reconnaissants du service que je leur avais rendu, voulurent d'abord me garder et me soigner eux-mêmes. Mais la maladie empira, je perdis connaissance, et, craignant de me voir mourir dans leur maison, ils me laissèrent transporter à l'hôpital. Il y avait déjà deux jours que j'y étais, lorsque je repris connaissance. Je me trouvai sur une paillasse par terre, sans draps, sous une mauvaise couverte pleine de poux. Quel fut mon étonnement, moi qui me croyais encore dans mon logement où j'étais si bien couché et si bien soigné ! Le lendemain mes camarades vinrent me voir. Je les priai d'obtenir du médecin qu'il me fît évacuer sur un autre hôpital, ce qui me fut accordé. J'espérais être mieux ailleurs ; mais je fus bien trompé. J'étais neuf à ces sortes de misères : c'était ma première maladie. Je fis, à mes dépens, la triste expérience des maux qu'ont à souffrir les soldats malades en campagne.

Mes camarades m'apportèrent mon sac, me garnirent mon portefeuille et le lendemain je fus jeté sur une voiture et dirigé sur Juliers. Couché sur la paille, en butte aux intempéries de la saison et aux mauvais traitements des conducteurs, je perdis de nouveau connaissance. C'est sans m'en apercevoir que j'arrivai à l'hôpital et ce ne fut que quelques jours après que je revins à moi. J'étais dans un état pitoyable, ayant les mouches aux quatre membres, et pour surcroît de misères n'ayant plus ni sac, ni effets, ni argent. J'eus cependant la chance d'inspirer quelque intérêt au médecin qui me soignait et grâce à lui je me serais peut-être rétabli promptement, s'il n'avait eu son changement.

Je n'eus pas à me louer de son successeur. Il me marqua pour être évacué sur Aix-la-Chapelle. Mais comment faire pour m'habiller ? Je n'avais plus pour tout vêtement que mon habit qui était resté sur le pied de mon lit. Ayant aperçu un sac tout au bout de la salle, je me le fis apporter : c'était le mien. J'y trouvai encore mon portefeuille contenant trois billets de quinze sous, une culotte et une vieille chemise sale, le tout bien garni de poux, mais point de souliers. Lorsqu'il fallut m'habiller le lendemain, je ne trouvai à mettre qu'une paire de savates sans talons et de sales guêtres d'Autrichien qui me montaient jusqu'aux cuisses. On me jeta avec beaucoup d'autres sur une mauvaise charrette attelée de mauvaises rosses et nous nous mîmes en route pour Aix-la-Chapelle par un froid très vif : nous étions au commencement de décembre. Près d'arriver à la ville, notre attelage versa dans un fossé, et notre conducteur très compatissant s'occupa seulement de ses chevaux qu'il dételâ et nous planta-là. Mes camarades moins malades que moi purent gagner la ville. Quant à moi je m'épuisai jusqu'à la nuit à appeler au secours, personne ne vint. Ce ne fut qu'en relevant les factionnaires, à dix heures du soir, qu'on m'entendit et qu'on vint me tirer de là. Je fus conduit à l'hôpital ; mais il était plein et il me fallut dès le lendemain pousser plus loin. On me déposa à Liège aux trois quarts mort, dans l'hôpital Saint-Laurent, un ci-devant couvent. On m'y procura un assez bon lit, mais je n'y étais jamais seul, car je pouvais ramasser les poux à poignée.

Le médecin de la salle où l'on m'avait placé était de mon pays, aussi il me donna des soins tout particuliers et je lui fis promettre de ne plus me faire voyager avant ma guérison. Il venait tous les jours à l'hôpital des dames, des demoiselles pour y faire des draps, des bandes, de la charpie, pour les besoins des pauvres malheureux malades. Parmi elles j'avais reconnu une de mes anciennes connaissances du temps que nous avions campé devant la ville. J'étais dans une si triste situation, que je n'osais pas me faire connaître ; mais, comme elle passait tous les jours auprès de mon lit, je me hasardai enfin à l'appeler. Elle fut bien surprise de me trouver dans un pareil état, et me demanda ce qu'elle pourrait faire pour m'être utile. A partir de ce moment je ne manquai plus de rien. Cette bonne Louise pourvoyait à tous mes besoins, et grâce à elle je revenais à la santé comme par enchantement. Aussi lorsque le médecin en chef vint faire sa visite pour choisir les moins malades et les évacuer, pour faire place à d'autres de plus en plus nombreux, je fus désigné, et malgré mes protestations, malgré l'intervention de ma bonne Louise, il fallut me préparer à partir.

Le voyage devait se faire dans des bateaux sur la Meuse. Au moment du départ, ma bienfaitrice vint m'apporter de petites provisions qu'elle confia à un sergent de grenadiers, lui donnant un petit écu pour m'aider à marcher et avoir soin de moi. Je pris congé d'elle en versant des larmes de reconnaissance et je me mis en marche au bras de mon sergent. Celui-ci, un franc coquin, me laissa au bord de l'eau couché par terre attendre mon embarquement et disparut avec mes provisions.

La plupart de ceux qui formaient avec moi le convoi étaient très ingambes ; beaucoup s'étaient munis de billets d'hôpital pour se sauver de l'armée, aussi lorsque le bateau arriva y sautèrent-ils lestement et prirent-ils les meilleures places. Pour moi j'attendis qu'on vînt me chercher, car il m'était impossible de marcher seul. Sur l'ordre d'un chirurgien, un infirmier vint pour me conduire ; mais, pour entrer dans le bateau, il fallait passer sur une planche et mon conducteur prit si peu de précautions qu'il me laissa tomber dans la rivière : j'eus de l'eau jusqu'à la ceinture. On me repêcha ; mais, malgré les instances du chirurgien, je ne pus trouver place dans l'endroit couvert de la barque qui était occupé par une bande de lâches qui avaient plus de courage devant un moribond que devant l'ennemi. Je m'étendis au soleil sur l'avant du bateau, et, malheureusement pour moi, la fatigue me fit endormir : quand je me réveillai, j'avais les deux pieds gelés.

A Huy, le bateau s'arrête et tout le monde se sauve à l'hôpital. On m'oublie ainsi qu'un canonnier aussi malade que moi. Nous avons beau crier, personne ne nous répond. Enfin sur les onze heures du soir un petit bossu passant par là m'entend et vient me délivrer de la barque. Il me pose le long d'un mur et il me laisse là, sans vouloir rendre le même service à mon pauvre compagnon d'infortune. Tout le monde était couché et les rues étaient désertes. Comment trouver l'hôpital ? Je rampe tantôt à quatre pattes, tantôt en m'appuyant le long des murs, me dirigeant vers une lumière que j'avais aperçue : c'était un corps de garde. J'y trouve un de mes compagnons du convoi, qui y était entré pour se reposer. Il s'offre à me conduire et nous voilà partis clopin clopant à la recherche de l'hôpital. Autre contretemps : il était plein, on refusa de nous y recevoir et l'on nous envoya dans une église convertie en ambulance. Il y avait déjà là plus de deux cents personnes. On faisait du feu de distance en distance avec du charbon de terre : la fumée nous aveuglait. Pas un fétu de paille, il fallait se coucher sur le carreau et il gelait à pierre fendre. La nuit était déjà très avancée, mais elle fut encore trop longue pour moi qui ne pus fermer l'œil. Le matin on nous distribua un bouillon tout froid, un morceau de pain et un morceau de viande moitié cuite. C'est à peine si j'y goûtai. Dans la salle où l'on faisait la distribution, il y avait des couvertes entassées. En attendant mon tour d'être servi, j'en pris une que je me mis sur le dos. Puis lorsqu'on nous appela pour le départ, je sors sans qu'on fasse attention à ma couverte, sans que j'y songe moi-même. Rendu au bateau, je m'en aperçus ; mais elle m'était d'une trop grande utilité et il était trop tard pour la rendre. Je fis donc un vol sans le vouloir.

On m'embarqua et j'eus à subir sur le bateau les mêmes misères que la veille. Le soir on s'arrêta devant un village qui était séparé de la rivière par une prairie et des vergers. Comment m'y rendre avec mes pieds gelés et sans une âme compatissante qui eût pitié de moi. Ce fut ma couverte qui me tira d'embarras. Je l'avais toujours sur le dos. Elle fit envie à un juif qui se trouvait à notre débarquement et qui me proposa de l'acheter. Je lui dis que je voulais bien la lui vendre, mais que je désirais conclure le marché chez lui. Il me traîna jusqu'à sa misérable maison, et, comptant bien se payer de ses soins sur ma couverte, il me coucha sur une botte de paille au coin de son feu et me donna quelques aliments. Je passai une nuit assez calme, ce qui me fit grand bien. Le lendemain je ne voulus abandonner au juif ma couverte que lorsqu'il m'eut reconduit au bateau. Je pus ainsi arriver assez tôt pour avoir une bonne place.

Nous arrivâmes à Namur vers midi. Comme à l'ordinaire, on me laissa dans la barque. Ce fut une vieille femme qui avait un fils à l'armée qui vint m'offrir son bras et me conduisit à l'hôpital le plus proche. Les portes venaient d'en être enfoncées par les évacués de notre convoi à qui l'on en avait refusé l'entrée faute de place. Ils s'étaient emparés du peu de lits qui restaient, force me fut d'aller à l'autre hôpital. La même chose venait de s'y passer. Pas une paillasse, pas une botte de paille pour s'y coucher. Tous les soldats montaient, descendaient pour chercher place ; on criait, on jurait, on se battait : c'était un vacarme terrible. Les chirurgiens, les infirmiers effrayés n'osaient se montrer. Je visitai toutes les salles et montai jusqu'au grenier sans pouvoir trouver un pauvre grabat. Enfin deux soldats, couchés sur une paillasse, m'offrirent une place entre eux deux.

Auprès de nous, il y avait une autre paillasse qui était occupée par un seul malade. J'eus envie d'aller me mettre à côté de lui ; mais il paraissait dormir de si bon cœur que j'eus peur de le réveiller. Une heure après, deux infirmiers vinrent avec un brancard enlever mon voisin qui s'était endormi du sommeil éternel. Je ne me fis pas scrupule de m'emparer de la paillasse du mort, malgré qu'elle fût pleine de vilenies sans nom, mais ce n'était pas le moment d'avoir l'odorat délicat. Au milieu de la nuit, ayant eu besoin d'aller à la selle et personne ne venant pour m'aider, je me roulai à terre et me dirigeai à tâtons du côté du baquet. A peine avais-je fait quelques pas que j'étais plein d'ordures, tout le monde ayant fait au milieu de la place. Je me mis alors sur le côté et je fis mes nécessités. Je ne pouvais me salir davantage et, dans cet état, il me fallut retourner sur mon grabat.

C'est dans cette situation déplorable que le médecin me trouva le lendemain. Me voyant si malade et n'ayant pas de lit à me donner, il voulut m'évacuer sur Sedan ; mais je le suppliai tant et tant de me laisser plutôt mourir sur ma paillasse que de m'envoyer geler sur une barque, qu'il consentit enfin à me garder. Il me fit nettoyer par un infirmier, et, au bout de deux jours, il me procura un lit assez propre sauf les poux. Comme j'avais eu les deux pieds gelés, on me fit prendre plusieurs fois par jour des bains de pieds dans la neige. Le remède fut efficace.

Au bout de trois semaines j'allais mieux ; mais une imprudence me fit retomber. J'avais obtenu la permission de sortir en ville. Comme l'appétit commençait à revenir, je fis la sottise d'acheter de petites galettes que je mangeai. J'eus lieu bientôt de m'en repentir ; à peine étais-je rentré à l'hôpital que la fièvre me reprit, je perdis connaissance et fus quelques jours dans le délire. On me croyait perdu et peu s'en fallut que l'on ne me jetât le drap sur la tête. Cependant la force de ma constitution prévalut, je revins à moi et j'entrai de nouveau en convalescence. Le dégel vint : c'est alors que les pauvres malades mouraient comme mouches. Il y avait dans notre hôpital près de trois mille malades : c'était peu lorsqu'il n'y avait que cinquante morts par jour. Cette débâcle me fit peur : je résolus de rejoindre au plus tôt mon régiment. Je retrouvai dans mon sac mon premier billet d'hôpital, celui qui m'avait été délivré en partant du régiment. Je parvins à le faire enregistrer comme s'il y avait deux mois et demi que j'étais là et, comme en qualité de musicien d'état-major j'avais en route la solde de sergent, je touchai une somme assez forte pour faire mon voyage.

***

J'avais cinquante lieues à faire par de mauvais chemins. Heureusement que le froid reprit ce qui rendit les routes plus praticables. En passant à Liège, je me proposais bien d'aller voir la bonne fille qui m'avait presque sauvé la vie, lors de mon séjour à l'hôpital. Le hasard voulut que je fusse logé à l'extrémité de la ville opposée à celle où elle demeurait et j'étais trop fatigué pour me remettre en route. Mais un autre hasard, celui-là bien heureux, me fit découvrir que l'hôtesse de mon logement était la sœur de ma bienfaitrice. En racontant à mon hôtesse mes aventures, j'étais arrivé à lui parler des obligations que je devais à une demoiselle de la ville. Elle me fit causer et de fil en aiguille elle finit par savoir que ma bienfaitrice était sa sœur et elle me le déclara. Sur ma demande, elle consentit à l'envoyer chercher; mais ma bonne Louise ne put venir que dans la soirée et, comme le mari de la sœur devait tout ignorer, nous n'eûmes qu'une bien courte entrevue dans laquelle on me fit bien des amitiés. J'aurais été très heureux de les lui rendre avec usure, mais il y avait déjà fort longtemps que je ne savais plus si j'étais homme ou femme. Nous nous séparâmes avec promesse de nous revoir : l'occasion ne s'en est plus présentée.

De Liège je passai à Erve, à Aix-la-Chapelle, me dirigeant sur Cologne, lorsque j'appris à Juliers que mon régiment avait changé de position et était à Neuss. Je pris donc la route de cette ville où j'arrivai après dix jours de marche. Au régiment, aucun de mes camarades ne pouvait me reconnaître, tant la maladie m'avait changé et tant mon équipage était grotesque. Chacun s'empressa de m'apporter de quoi renouveler mon habillement, mais personne ne put me procurer de coiffure. Je fus obligé de me contenter d'un vieux chapeau de toile cirée verte qui me donnait l'air d'un perroquet. J'eus le bonheur de toucher en arrivant tout mon arriéré de solde, environ deux cent cinquante livres, ce qui me fut fort utile pour me nipper un peu. Je crois bien cependant en avoir dépensé la moitié en pitance ; car, après toutes les misères et toutes les privations que j'avais supportées, j'avais grand appétit. Au bout de trois semaines, on ne me reconnaissait plus, j'avais un ventre de maître d'hôtel, on aurait pu me croire hydropique.

A quelques jours de là j'assistai à la débâcle du Rhin qui était gelé à trois ou quatre pieds d'épaisseur. J'étais avec quelques-uns de mes camarades sur le bord du fleuve à écouter les craquements de la glace, semblables à des coups de canon, lorsque le Rhin déborda avec une rapidité terrible, et nous nous aperçûmes tout à coup que nous étions entre deux eaux. Il nous fallut prendre notre course pour rentrer en ville. Arrêtés par un fossé très large, nous n'hésitâmes pas à le passer avec de l'eau jusqu'au ventre : quelques minutes après nous en aurions eu par dessus la tête. Tout le pays environnant fut inondé. Un amas de glaçons énormes s'était formé entre deux collines qui resserraient le lit du Rhin et le fleuve, arrêté dans son cours, s'était répandu dans la plaine où il causa d'affreux désastres. Nous avions sur le Rhin quelques postes qui furent surpris et périrent. Vingt-cinq hommes qui formaient un grand poste, dans une ferme en face de la ville, furent obligés de se réfugier sur les toits et ils y seraient morts de faim, si l'ennemi au bout de quelques jours n'était venu les chercher. Nous n'avions pu les secourir, parce que tous les glaçons se portaient de notre côté.

***

Aussitôt que les routes furent praticables, on nous fit partir pour la Gueldre prussienne où nous restâmes environ deux mois. Pendant ce temps on fit la paix avec la Prusse qui nous céda tout ce qui lui appartenait sur la rive gauche du Rhin (Paix de Bâle, 5 avril 1795.). On nous envoya alors côtoyer le

Rhin jusqu'à Coblentz. Nous n'eûmes pas à nous féliciter de notre séjour dans ce pays déjà ruiné par le passage des armées amies et ennemies. Les habitants étaient encore plus malheureux que nous ; car nous avions du pain, très mauvais il est vrai, mais les habitants n'en avaient pas. C'était un pays vignoble, et il y avait quatre à cinq ans qu'on n'avait fait une bonne récolte : le peu qui restait en vin vieux, l'armée l'avait tout bu. Les paysans n'avaient pour vivre que ce que les soldats voulaient bien leur donner ou leur laisser.

Une querelle s'étant élevée entre notre régiment et un autre, on nous envoya sur les derrières de l'armée à Aix-la-Chapelle, fort belle ville, où nous restâmes quelques mois. On nous dirigea ensuite sur Cologne. Après être restés quelque temps cantonnés dans la campagne où nous étions quarante par maison, on nous fit entrer en ville. Je fus logé chez le sacristain de la cathédrale. J'étais bien logé, mais la nourriture était courte, et pas moyen de l'allonger en mettant la main à la bourse, car nous étions payés en assignats et personne ne voulait de notre papier. Heureusement le sacristain, qui était vieux, avait une jeune femme de vingt-deux ans et fort jolie : bien des raisons de faire ma cour. Nous n'eûmes pas grand'peine à nous entendre ; car elle fit plus de la moitié du chemin. Le pauvre sacristain était souvent à l'église et nous faisions bombance au son des cloches. J'appris bientôt de ma sacristine que je n'étais pas le premier à qui elle accordait ses faveurs ; mais le militaire est plein d'indulgence, lorsque la partie des comestibles va bien.

Après un mois de bien-être, il fallut se remettre en campagne pour effectuer le passage du Rhin. On nous envoya de l'autre côté de Neuss dans un bois en face du fleuve et l'on fit faire toutes les dispositions pour le passage. Nous avions devant nous une île derrière laquelle on pouvait masquer les barques que l'on y avait réunies et manœuvrer sans être aperçu de l'ennemi. On réunit tous les grenadiers de chaque régiment et on en forma un bataillon dont le général Legrand prit le commandement. A la nuit tombante, il se porta sur le Rhin et à onze heures précises les barques chargées de grenadiers se mirent en route, protégées par le feu de nos canons placés en batteries sur la rive. Elles arrivèrent rapidement à l'autre bord au pied d'une redoute. Nos grenadiers l'escaladèrent, presque sans résistance, et passèrent tous les défenseurs au fil de l'épée, à l'exception d'un Français qui se trouvait parmi les Autrichiens. Mais il recula pour mieux sauter ; car, renvoyé de notre côté, il fut reconnu comme déserteur et fusillé immédiatement.

Nous autres musiciens on nous avait laissés à l'écart avec les équipages. Comme le canon avait cessé, l'envie nous prit à trois d'aller voir ce qui se passait de l'autre côté du Rhin. Nous parvînmes à nous placer dans une barque, quoiqu'il ne fût permis qu'aux combattants d'y entrer, et nous voilà sur l'autre rivage. A peine avions-nous mis pied à terre que nous entendons un feu de tous les diables. C'étaient nos grenadiers qui attaquaient le camp ennemi. Que faire ? Retourner aux barques ? nous avions eu trop de peine pour nous y placer. Nous joindre aux combattants ? mais nous n'avions pour toute arme que nos épées. Il ne manquait pas de fusils et de munitions par terre dans la redoute. Nous fûmes bientôt armés et nous voilà partis en avant faisant le coup de fusil avec les troupiers. Un Autrichien qui fuyait devant moi mit bas les armes et voulut se rendre ; mais il était défendu de faire des prisonniers, et il me fallut, à mon grand regret, lui passer ma baïonnette à travers le corps. Voilà la guerre : tuer ou être tué. Pour moi j'aurais aimé mieux faire une partie de basson. Heureusement que nos soldats victorieux n'avaient point besoin de l'aide de trois malheureux musiciens fourvoyés au milieu d'eux. Avec leur impétuosité ordinaire, ils avaient chassé l'ennemi de son camp et le poursuivaient l'épée dans les reins.

A la petite pointe du jour nous nous trouvions, mes camarades et moi, près d'une grande ferme qui venait d'être abandonnée. Nous y entrâmes. Les lits étaient encore tout chauds ; il y avait sur la table de la cuisine une grande gamelle de soupe au lait : tout était à notre disposition. Mais nous n'étions pas pillards et nous sortîmes de la maison nous contentant d'emporter deux petits pots de confiture avec lesquels nous allâmes faire un petit déjeuner à quelques pas de là. Quelques moments après nous vîmes la ferme envahie par une troupe de grenadiers qui, moins scrupuleux que nous, défoncèrent les armoires et mirent tout au pillage. Il fut pris, rien qu'en objets précieux et argent monnayé, pour plus de dix mille francs. Cela nous fit bien un peu mal au cœur de n'avoir pas part au butin, mais nous ne bougeâmes pas de place.

Après notre déjeuner, nous rejoignîmes les troupes qui étaient sous les murs de Dusseldorf. A la première sommation, la ville avait ouvert ses portes (8 septembre 1795). Arrivés dans le faubourg, en dehors des fortifications, nous trouvâmes un grenadier qui sortait d'une maison et qui nous dit : « Musiciens, vous n'avez qu'à frapper à cette maison, demander à loger ; vous n'aurez qu'à entrer et pour vous faire sortir on vous donnera à chacun une pièce d'or. » Nous le fîmes ; mais nous n'eûmes que deux pièces pour trois : c'était déjà bien joli pour nous qui n'avions pas le sou.

Tout le peuple était sur les remparts et les autorités étaient à la porte attendant le général pour lui remettre les clés. Celui-ci arriva sur les dix heures et nous ayant aperçus, il nous ordonna de jouer pour le défilé des troupes. Nous n'étions que trois musiciens : une clarinette, un basson et un cimballier. Jugez quelle musique !

*
* *

Entrés en ville, nous vîmes une troupe de capucins à la porte de leur couvent et nous leur demandâmes où nous pourrions trouver une auberge pour manger un morceau. Ils nous offrirent d'entrer dans leur couvent et nous conduisirent dans leur réfectoire où ils nous servirent de la bière et du fromage. Un caporal de grenadiers qui était avec nous ne voulut pas se contenter d'une si maigre pitance et demanda du vin et du jambon. Les pauvres moines prétendirent qu'ils n'en avaient pas, prétextant que ce leur était chose défendue ; mais, sur l'insistance un peu exigeante du caporal, ils en eurent bien vite trouvé. Tous les capucins étaient autour de nous cherchant à se faire comprendre et à nous faire causer, quoique presque tous ne parlassent que l'allemand que nous n'entendions guère. Nous les fîmes boire avec nous et comme le vin était vieux et abondant et qu'il y avait probablement longtemps qu'ils n'en avaient bu, les moines se trouvaient on ne peut plus gais et voulaient tous parler français. Pour moi je ne sais plus quelle langue je parlais ; j'avais la tête échauffée et je sentais qu'il était temps de partir. Je pris donc congé des capucins et j'allai chercher un billet de logement.

*
* *

Je fus logé chez un tanneur qui me reçut fort bien. Il y avait dans la maison des dames et des demoiselles qui n'osèrent pas d'abord se montrer. Je n'avais pourtant pas l'air bien terrible, mais j'étais Français et c'était assez. Cependant comme on s'aperçut bien vite que je n'étais point téméraire, j'eus bientôt la compagnie de ces dames. Il y avait parmi elles deux françaises, deux émigrées dont l'une se disait baronne de la Lorraine. Elle me raconta son histoire. Elle fuyait devant l'armée française et avait été surprise par l'arrivée inopinée de nos soldats. Elle avait peur d'être découverte et me priait de la protéger. Je la rassurai du mieux que je pus, et, comme je tombais de sommeil, je demandai à ce qu'on me procurât un lit.

On me conduisit dans une chambre où je fus suivi par mes deux françaises qui s'étaient mises sous ma protection. Elles étaient vraiment jolies, mais je dormais tout debout, et, malgré les beautés qui m'entouraient, je me jetai tout habillé sur mon lit où je ne tardai pas à m'endormir profondément.

Quand je me réveillai, il était nuit et la chambre était éclairée par une chandelle qui était à sa fin. Mais quel fut mon étonnement lorsque j'aperçus mes deux françaises qui dormaient avec moi, l'une au pied de mon lit et l'autre à mon traversin. La situation était délicate : deux jeunes et jolies femmes, seules, la nuit, auprès d'un militaire de bon appétit. Je ne savais si je devais dormir ou veiller. J'allais peut-être essayer de faire un rêve avec ma plus proche voisine qui avait sa figure près de la mienne sur mon traversin, si mes soupirs ne l'avaient réveillée. On s'excusa et je me levai.

Il était dix à onze heures du soir et je me sentais faim. On s'offrit de m'aller chercher à souper et je priai ces dames de me tenir compagnie, ce qu'elles acceptèrent de grand cœur, n'ayant pas mangé depuis la veille, par suite de la frayeur qu'elles avaient eue. Le souper fut très gai ; on nous avait servi du vin et ces dames ne s'en privaient pas. Je m'aperçus que sur la fin du repas que la compagne de la baronne n'était que sa femme de chambre. Moi qui jusqu'alors avais fait ma cour à la suivante, car elle était plus jolie, je reportai mes hommages à la baronne qui devint de plus en plus familière. Le souper terminé, je proposai de nous reposer et la baronne qui était un peu échauffée dit à sa femme de chambre d'aller coucher avec les filles de la maison, que, quant à elle, elle coucherait sur des chaises, qu'elle dormirait plus tranquille auprès de moi. La camériste partie, je ne voulus pas, bien entendu, laisser madame sur des chaises. Je lui offris mon lit. On refusa, on ne voulut accepter que le pied du lit. Je me couchai donc seul ; mais, le lendemain au réveil, nous étions deux sous la même couverture, après une nuit charmante.

***

Il fallut se remettre en route un peu fatigué. Au bout de deux jours nous étions à Deutz, devant Cologne. La division campa sur la hauteur, mais l'état-major avec la musique entra en ville. Je fus logé avec mon camarade de lit chez un jardinier qui nous reçut le mieux qu'il put. Il avait chez lui un journalier français qui se cachait de nous. Je m'en aperçus et j'en demandai la raison. On ne savait trop que dire. Je devinai leur embarras : c'était un émigré. J'allai moi-même le rassurer et je l'emmenai dans notre chambre où je le fis dîner avec nous. Il nous raconta ses malheurs ; il était dans la dernière misère, obligé pour vivre de fendre du bois ou de piocher la terre. Nous eûmes cependant bien de la peine, mon camarade et moi, à lui faire accepter quelques pièces de monnaie.

IV

SUR LES BORDS DU RHIN.

Siège de Mayence sous Kléber. — Levée du siège (29 octobre 1795). — Passage du défilé de Montabaur. — Nous repassons le Rhin à Neuwied. — Dans le Hundsruck. — Bien avec les femmes, mal avec les maris. — Armistice avec l'Empire (21 décembre 1795). — Revue de toute l'armée de Sambre et Meuse par Jourdan. — Rentrée en campagne. — Siège du fort de Coblentz. — La compagnie des aérostiers. — Commissaire aux vivres par intérim. — Je suis menacé d'être fusillé. — Mon colonel me tire des griffes du général. — L'armée de Sambre et Meuse est coupée de l'armée du Rhin. — Nous allons défendre le passage de la Lahn. — Nous soutenons la retraite sous les ordres du général Marceau. — Le général Marceau est blessé mortellement (19 août 1796). — Sa mort (21 septembre 1796). — A la maraude. — Le général Bernadotte. — Nous repassons le Rhin à Bonn. — Au camp à Bonn. — Le général Beurnonville remplace Jourdan (28 novembre 1796). — Dans le Hundsruck pour la deuxième fois. — Pillage de Kreutznach. — Quatre musiciens contre huit chasseurs. — Les chasseurs ivres se livrent aux derniers excès. — Je sauve une des demoiselles. — Les chasseurs repentants. — Nous passons l'hiver à Kreutznach.

ES succès rapides de l'armée de Sambre et Meuse nous menèrent jusque sous les murs de Mayence, presque sans coup férir. Nous ne fûmes arrêtés un instant par l'ennemi qu'à Limbourg où nous eûmes une petite affaire au passage de la Lahn. Mayence fut investie et nous prîmes nos logements au bourg d'Ochein, à une lieue de la ville. Pendant le siège, dirigé par le général Kléber, plusieurs combats sanglants furent livrés, mais sans résultats, et (le 29 octobre 1795) les lignes françaises ayant été attaquées et forcées par les Autrichiens, le camp fut immédiatement levé et nous nous mîmes en retraite. Le temps était mauvais, la pluie avait détrempé les routes et l'ennemi était sur nos talons. Aussi au passage du défilé de Montabaur (dans le Westerwald) nous fûmes obligés d'abandonner une partie de nos équipages. C'est avec bien de la peine et après avoir perdu beaucoup de monde que nous pûmes regagner Neuwied où nous devions repasser le Rhin. On y avait construit un pont qui s'appuyait sur une île au milieu du fleuve. Mais le général Marceau ayant fait détruire le pont de bateaux de Falindal qui servait pour le blocus du fort de Coblentz, le courant jeta sur notre pont les barques qui allaient en dérive et il fut brisé. Il y eut quelques soldats de noyés, d'autres se sauvèrent à la nage. Pour moi, j'étais passé dans l'île et je m'y trouvai bloqué sans vivres jusqu'au lendemain où le pont fut rétabli.

Comme notre régiment avait beaucoup souffert dans la retraite, on nous envoya sur les derrières de l'armée près d'Andernach. On trouve près de cette ville plusieurs sources d'eaux minérales de différents goûts. Il y en avait une dont je buvais beaucoup : c'était comme de la bonne piquette.

***

On ne nous laissa pas longtemps dans l'inaction. L'ennemi après avoir forcé les lignes de Mayence, marchait sur Trèves : il fallait l'arrêter. On forma un corps d'armée et on nous dirigea sur Kreutznach dans le Hundsruck. Nous restâmes une partie de l'hiver à rouler dans ce mauvais pays, sans routes, plein de montagnes. Souvent sans vivres, nous étions obligés de mener une vie de brigands ; on ne respectait rien, ni châteaux, ni chaumières, tout était saccagé, brûlé.

Au mois de décembre le temps étant devenu encore plus rigoureux, on nous permit à nous autres musiciens de nous retirer de la ligne de bataille et l'on nous cantonna dans un village sur la Moselle, où l'on n'avait encore vu que fort peu de Français : aussi fûmes-nous assez bien reçus. Dans mon logement il y avait trois filles, toutes trois très affables et toutes disposées à me faire oublier les misères que je venais d'endurer. Nous fîmes rapidement connaissance et au bout de quelques jours j'étais comme un pacha. Les voisines mêmes, jalouses de n'avoir pas de militaires, me rendaient de fréquentes visites, ce qui occasionnait quelques disputes entre elles. Pour moi, ça m'amusait beaucoup. J'avais les faveurs de l'une, quelquefois les sottises de l'autre, mais le lendemain raccommodait tout cela. Nous passâmes près d'un mois dans notre village et lorsque l'ordre vint de partir, ce fut au grand désespoir des femmes, mais à la grande joie des hommes qui n'étaient plus maîtres chez eux.

Un armistice venait d'être signé avec l'empire (21 décembre 1795). Nous rejoignîmes notre régiment qui était cantonné à Trarbach, sur les bords de la Moselle, où nous eûmes encore quelques moments de bon temps. Tous les dimanches nous faisions danser les filles, et puis nous avions organisé un théâtre dont j'étais le directeur. Le public y venait en foule : c'était gratis. Les villageois n'avaient jamais vu pareille chose ; aussi, pour voir notre comédie, on venait de deux ou trois lieues à la ronde. Comme c'était moi qui délivrais les billets, cela me valait les prévenances des jeunes filles et je dus à cela plusieurs bonnes aventures qui m'ont laissé de délicieux souvenirs.

Trois ou quatre mois se passèrent ainsi dans les plaisirs, ne laissant notre cantonnement que pour aller de temps en temps faire musique au quartier-général, lorsque les généraux donnaient quelque bal ou quelque grand dîner. Mais avec la belle saison allaient reprendre les hostilités suspendues par l'armistice. L'entrée en campagne fut précédée d'une grande revue du général en chef Jourdan. Toute l'armée de Sambre et Meuse se trouva réunie un moment et deux jours après elle marchait en avant.

***

On nous fit rôder pendant quelque temps sur les bords du Rhin, tentant quelques fausses attaques pour tromper l'ennemi. Puis notre division fut dirigée à marches forcées sur Coblentz. A peine arrivés on nous dispersa dans les villages des environs. Il n'y avait pas une heure que nous étions dans notre logement, qu'une ordonnance vint nous chercher pour faire de la musique au quartier-général à Coblentz. Nous autres bien contents, car nous étions vingt ou trente par maison et nous espérions être mieux en ville. Nous fûmes bien trompés ; car, à l'état-major, on nous refusa des billets de logement, nous disant qu'après avoir fait musique nous retournerions à notre régiment. Cependant nous fîmes comprendre au général qu'on ne pouvait faire de bonne musique le ventre vide ; il nous fit conduire par un agent de police dans une auberge où l'on nous servit à dîner, aux dépens de la ville, comme toujours.

De six à dix heures nous fîmes de la musique pendant le dîner que présidait le général en chef Jourdan. Lorsque les grosses épaulettes furent sorties de table, un aide de camp donna l'ordre de mettre la desserte à notre service. C'était une bonne aubaine pour des gens qui devaient passer le reste de la nuit au bivouac. A minuit nous vidions encore des flacons à la santé du général, et, si l'on n'était venu nous donner l'ordre de partir, le jour nous aurait trouvés à table.

A peine avions-nous rejoint notre régiment qu'il fallut nous mettre en route. A la pointe du jour nous passions le Rhin à Neuwied (2 juillet 1796). La division Poncet, dont nous faisions partie, fut dirigée sur le fort de Coblentz ou d'Ehreinbreistein pour en faire le blocus sur la rive droite. C'est là que, pour la seconde fois, je vis la compagnie des aérostiers. Ils venaient pour examiner avec leur ballon l'intérieur du fort; mais à peine l'aérostat s'était-il élevé que le fort tout entier se déchaîna contre lui. On fit feu de toutes pièces et la fumée de la poudre empêcha de rien voir. Il fallut le descendre sans avoir obtenu aucun résultat.

*
* *

Un jour que nous avions été faire musique au quartier-général, je rencontrai un de mes anciens camarades qui était garde-magasin des vivres-pains. C'était une bonne connaissance, car ces messieurs ne manquent jamais de rien. Aussi j'allais le voir souvent pour me refaire des privations du camp. Ayant à s'absenter pour s'entendre avec le préposé principal au camp de Mayence, il me proposa de le remplacer pendant son absence. J'y consentis, et, ayant obtenu l'autorisation du colonel, il me mit au courant pendant quelques jours et me laissa chargé des distributions avec un magasin garni pour huit jours. Mais je n'étais point fait au métier, et, quelques précautions que je prisse, j'étais volé. Joignez-y mes libéralités aux amis, tout cela amena bientôt un déficit assez grand. J'espérais le combler par des arrivages qui m'étaient annoncés; mais le huitième jour arriva et je n'avais rien reçu. Il ne me restait plus que quatre mille rations de pain pour toute la division qui était à peu près de neuf à dix mille hommes. Je ne pouvais me hasarder à monter au camp avec une aussi maigre provision. Je me rendis à Coblentz où je parvins à me faire livrer six mille rations et le lendemain je pus faire ma distribution. J'avais doublé la garde autour de mes voitures et j'étais resté à quelque distance du camp pour éviter la trop grande foule; malgré cela je fus encore volé et il me manqua quelques rations, ce qui me valut bien des injures.

Je retournai à la ville avec mes voitures, croyant trouver quelque convoi d'arrivé, mais rien. Le commissaire des guerres m'ordonna d'envoyer à Bonn pour faire charger un bateau de pain. J'y envoyai un de mes camarades, en le priant de mettre toute la diligence possible. Le lendemain il fallut du pain à la troupe, et pas une ration en magasin. Dès le matin je reçus la visite du général qui venait savoir pourquoi je ne faisais pas de distribution. Je lui expliquai mon affaire; mais il ne voulut rien entendre et il me dit que s'il n'y avait pas de pain pour le lendemain, il nous ferait fusiller mon camarade et moi. Comme il était aussi méchant que mauvais général, je n'étais pas trop rassuré. Je passai toute la journée sur les bords du Rhin pour voir si je ne verrais pas venir quelque bateau. Pendant que je dînais, on vint m'avertir qu'il en arrivait un. Je cours bien vite sur la rive, mais le général y était avant moi et il avait déjà fait arrêter et mettre en prison mon pauvre camarade qui payait ainsi sa complaisance pour moi. Comme je voulus faire quelques observations et que je menaçai le général de quitter le magasin, il donna l'ordre de me garder à vue et de ne me laisser sortir le lendemain qu'avec les voitures de pain. Ne connaissant point la consigne, je voulus le soir aller voir mon camarade dans sa prison; mais le factionnaire qui gardait le magasin m'empêcha de sortir. Irrité d'une pareille consigne, je me promis bien d'en parler le lendemain à mon colonel et de laisser le magasin à celui qui voudrait le prendre. D'ailleurs je n'avais pas le caractère fait à la rapine, et, dans ces fonctions, il fallait être trop effronté voleur.

 Le lendemain, ma distribution faite, j'allai trouver mon colonel et je lui racontai tout ce qui s'était passé. Comme il n'était pas très bien avec le général, il fut bien aise de trouver cette occasion pour le contrarier. Il envoya l'adjudant réclamer mon camarade et, à moi, il me donna l'ordre par écrit de rejoindre de suite le régiment. C'était tout ce que je demandais. Mais le général ayant appris que j'avais abandonné le magasin m'envoya une ordonnance avec l'ordre de m'y rendre sans délai sous la menace des punitions les plus sévères. Je répondis à l'ordonnance que je n'avais pas d'ordres à recevoir du général, que, comme musicien gagiste, je ne dépendais que de mon colonel, qu'il eût à s'adresser à lui. Le colonel auquel s'adressa alors l'ordonnance se montra fort mécontent qu'un ordre m'eût été envoyé directement sans lui être transmis, et il chargea l'ordonnance de reporter au général la réponse verbale que je lui avais faite. Cela occasionna une espèce de conflit entre le général et le colonel; mais ce dernier finit par avoir raison, puisque je restai sans être inquiété. Cependant le général par punition envoya le régiment sur la gauche du fort, au bord du Rhin. Nous nous y trouvions plus rapprochés de Coblentz en passant en barque. J'allai en ville et je trouvai mon garde-magasin que je n'avais pas vu depuis ma fuite. Il me raconta qu'à son retour le général lui avait fait de grands reproches et de fortes menaces, mais qu'il avait obtenu son changement et qu'il était employé à Coblentz même. Toutes les fois que j'allais en ville, je faisais bombance avec les employés qui me traitaient de collègue et je ne m'occupais jamais de la dépense : c'était le tour du bâton qui payait ça.

*
* *

 Pendant que nous étions occupés à bloquer le fort d'Ehreinbreitstein et à former la garnison de Coblentz, l'armée de Sambre et Meuse, dont nous avions été détachés, s'était avancée en Allemagne. D'abord victorieuse, mais parcourant un pays déjà ravagé par la guerre, elle eut à souffrir du manque de vivres et même de munitions. Le prince Charles, qui commandait les Autrichiens, réussit à couper l'armée de Sambre et Meuse de l'armée du Rhin commandée par Moreau, et Jourdan fut obligé de battre en retraite. On nous fit alors lever le camp pour aller garder les défilés et défendre le passage de la Lahn. On nous posta à Limbourg à peine avions-nous occupé cette position que l'ennemi arriva : un jour plus tard, la retraite de l'armée était coupée. Le général Marceau, qui avait pris notre division sous son commandement, avait reçu l'ordre de retenir coûte que coûte les Autrichiens pour laisser au reste de l'armée le temps de passer le défilé d'Altenkirchen. Pendant deux jours nous disputâmes le pont de Limbourg, mais écrasés par le nombre il fallut enfin battre en retraite en profitant d'un brouillard épais qui dérobait la vue de nos mouvements (17 septembre 1796). Bientôt rejoints par l'ennemi, il nous fallut soutenir des combats continuels pendant toute notre retraite.

 Cependant l'armée n'avait pas encore achevé de franchir le défilé ; le général Marceau reçut l'ordre de faire face à l'ennemi et d'arrêter la marche des Autrichiens le plus longtemps possible : c'était le salut de l'armée. Nous venions d'avoir un peu de repos en traversant la forêt d'Hostenbach, il fallait maintenant en défendre l'accès à l'ennemi. Le général Marceau fit placer six pièces d'artillerie sur deux mamelons qui dominaient les débouchés de la forêt, puis il se porta en avant avec le gros de ses troupes pour soutenir son arrière-garde.

 Pendant ce moment de repos, j'allai avec les quelques musiciens qui n'avaient pas abandonné le régiment dans un petit village situé près de là pour tâcher de trouver quelques vivres. Depuis trois jours nous n'avions pas eu le temps de faire bouillir la marmite. Nous ne pûmes recueillir que quelques pommes de terre, un morceau de suif et un petit oignon. Nous allâmes établir notre marmite sur la hauteur en avant de la colonne d'où nous pouvions tout découvrir sans courir aucun danger.

**

Pendant que nos pommes de terre cuisaient, j'entends un coup de feu assez près de nous. Je m'avance un peu pour voir d'où cela venait. Je vois les grenadiers qui couraient vers le bois et peu après je les vis revenir portant le général Marceau qui venait d'être blessé mortellement. S'étant imprudemment avancé en reconnaissance assez près des éclaireurs, il voit un hussard ennemi qui caracolait par bravade devant nos tirailleurs et sur lequel on n'avait pas voulu tirer, parce qu'il était seul. Le général impatienté pique des deux et le charge. Le hussard l'attend de pied ferme et lui décharge son pistolet presque à bout portant. L'intrépide général chancelle sur son cheval et tombe dans les bras de son aide de camp qui arrive à temps pour le recevoir. Les grenadiers qui le portaient vinrent le déposer près de l'endroit où nous faisions notre cuisine. Comme il faisait très chaud et que les mouches l'incommodaient, j'allai couper des branches de feuillage que je remis à ceux qui l'entouraient.

La nouvelle de ce fatal événement répandit une consternation générale. Peu de généraux étaient aussi aimés que le jeune général : il avait vingt-sept ans. Jourdan, à la première nouvelle de l'événement, vint prendre le commandement de l'arrière-garde et fit transporter l'illustre blessé à Altenkirchen. La retraite se continua dans le meilleur ordre, et le corps d'armée de Marceau rejoignit le reste de l'armée, sans que l'ennemi réussit à troubler sa retraite.

Cependant il fallait quitter Altenkirchen et continuer à marcher sur le Rhin. Les chirurgiens déclarèrent qu'on ne pouvait transporter Marceau plus loin sans le faire mourir à l'instant. Jourdan se détermina à le laisser dans la ville aux soins généreux de l'ennemi. Comme Marceau n'était pas moins estimé dans l'armée autrichienne que dans l'armée française, il reçut tous les soins désirables. L'archiduc Charles vint même le visiter, dit-on, à son lit de mort. Mais toutes les ressources de l'art furent inutiles, Marceau expira (le 21 septembre 1796). Son corps fut rendu à l'armée française et l'ennemi prit part aux honneurs funèbres qui lui furent rendus.

**

Le général Poncet avait remplacé Marceau dans son commandement. Il nous fit faire halte à la nuit tombante auprès d'un bois. Nous nous plaçâmes derrière notre régiment, à l'abri d'un gros arbre. Nous n'étions plus que cinq musiciens : les autres n'avaient pas attendu le danger pour battre en retraite. Un de nous fut chargé de garder notre place et les quatre autres durent aller à la découverte pour trouver des vivres ; car il y avait déjà longtemps qu'il n'y avait plus de distributions et l'on vivait comme on pouvait en pillant le pays que l'on traversait. En avant de la ligne, il y avait un pauvre hameau de cinq à six maisons, vers lequel nous nous dirigeâmes. Mais il était déjà envahi par une foule considérable de maraudeurs : il ne fallait pas songer à y pénétrer. En nous en retournant, nous vîmes une lumière au milieu d'un champ. Quand nous l'eûmes rejointe, nous trouvâmes plus de deux cents soldats labourant la terre avec leurs doigts et leurs baïonnettes. C'était un beau champ de pommes de terre. Nous voilà bien vite à la besogne et il fallait nous dépêcher ; car les nouveaux arrivants étaient nombreux. Nous eûmes cependant le temps d'emporter une bonne provision de patates.

Pendant notre absence notre division avait changé de place et avait été remplacée par la division Bernadotte. Notre camarade que nous avions laissé pour garder notre place s'était endormi et ne s'était aperçu de rien. Nous voilà donc au pied de notre arbre en train de faire cuire nos pommes de terre.

Mais notre place avait fait envie au général et un aide de camp vint nous inviter à la céder. Comme l'obscurité était très grande et que nous ne savions à qui nous avions affaire, nous envoyâmes promener le malencontreux officier. Au bruit de l'altercation le général s'approche. Ne le reconnaissant pas, je lui tiens tête à lui aussi. Il me menace, je n'en parle que plus fort, et je ne sais pas ce qui serait advenu, si je n'avais entendu l'aide de camp prononcer le nom de général. Je m'empressai alors de m'excuser en mettant tous les torts sur le compte de l'obscurité. En même temps un feu qu'on venait d'allumer nous éclaira et le général s'aperçut que j'avais mon épée à la main. — « Pourquoi, me dit-il, avez-vous votre épée nue ? — Ma foi, mon général, vous m'avez menacé, je vous prenais pour un simple soldat, et je ne vous aurais pas laissé porter la main sur moi. — Ha, ha, vous n'avez pas froid aux yeux, il paraît. Eh bien, puisque vous êtes brave, je vous pardonne vos insolences que je veux bien croire involontaires. Qui êtes-vous ? — Nous sommes musiciens à la 102ᵉ demi-brigade, division Poncet. — Vous êtes peut-être les seuls musiciens qui soient à l'armée. Il y a bien longtemps que je n'ai vu ceux de ma division. Si vous voulez changer votre instrument pour une clarinette de cinq pieds, je vous promets de vous faire avoir l'épaulette avant un mois. — Merci, mon général, je n'ambitionne aucun grade et je me trouve bien comme je suis. » Il nous congédia en nous indiquant où nous trouverions notre division.

Quand nous eûmes rejoint notre régiment, nous fîmes cuire nos pommes de terre et nous les mangeâmes à moitié brûlées, sans avoir rien pour les arroser. Je fis un tour dans le camp pour y trouver à boire, car j'avais une soif dévorante. Je rencontrai des soldats qui buvaient à un bidon. Je les priai en grâce de me donner à boire. Ce n'était que de l'eau boueuse ; mais cela suffit cependant pour apaiser mes souffrances. Je m'étendis alors par terre et je dormis environ deux heures.

*
* *

Avant le jour nous étions en route et nous avions une longue trotte à faire. Il ne fallait pas s'attendre à trouver quelques vivres sur notre chemin : l'armée y avait déjà passé, autant dire le feu. Nous trouvions bien des champs de pommes de terre, mais comme il fallait marcher sans s'arrêter jusqu'au Rhin, impossible de prendre le temps d'en faire cuire. Il fallut se rabattre sur les champs de carottes et de navets et grâce à ces légumes je pus apaiser ma soif. Par bonheur je rencontrai deux anciens camarades qui étaient dans le 1ᵉʳ régiment de chasseurs. D'habitude la cavalerie est assez bien munie surtout les musiciens ; ils me donnèrent chacun un morceau de pain et une bonne goutte d'eau-de-vie. Cela me donna des jambes pour marcher jusqu'à Bonn où notre division passa le Rhin sur un pont volant (20 septembre 1796).

Notre division campa en arrière de Bonn, dans les jardins et le parc de l'Electeur où tout fut bientôt sens dessus dessous. On nous fit une distribution de pain et de viande et nous pûmes enfin tremper une soupe, ce qui ne nous était pas arrivé depuis bien longtemps. Puis nous vîmes monter au camp des marchands de liquides et de comestibles et surtout quantité de juifs qui venaient acheter aux soldats ce qui leur restait du pillage. Il y en avait beaucoup qui rapportaient de jolies petites pacotilles ; car pendant presque toute la campagne l'armée n'avait pu vivre qu'en se livrant au maraudage et du maraudage au pillage la pente est facile. Aussi pendant quelques jours le camp fut une sorte de bazar où l'argent coulait à flots.

Nous n'étions toujours que cinq musiciens au camp. Nous ne savions ce qu'étaient devenus nos camarades, lorsque une après-midi nous les vîmes tous arriver. Ils n'avaient pas attendu que le danger devînt pressant pour battre en retraite et ils nous avaient attendus de l'autre côté du Rhin. Le soir nous fîmes musique au camp et nous eûmes un grand succès ; car aucun autre régiment n'avait conservé sa musique. Notre colonel vint nous féliciter. Il croyait que nous avions tous suivi le régiment et personne ne chercha à le détromper ; mais nous fîmes payer la ribote aux déserteurs en leur faisant croire que le colonel s'était souvent informé d'eux et que nous lui répondions toujours qu'ils étaient en avant ou en arrière. Nous leur contâmes toutes les misères que nous avions éprouvées, en exagérant même un peu, afin de leur faire payer plus cher le service que nous étions censés leur avoir avoir rendus. Ils étaient en fonds ; mais, avec l'appétit que nous avions gagné dans la retraite, les bourses furent bientôt à sec.

***

Le général Beurnonville avait remplacé Jourdan dans le commandement de l'armée de Sambre et Meuse (28 septembre 1796). Nous fûmes loin d'avoir à nous louer de notre nouveau général. Il nous fit battre tous les bords du Rhin sans y rencontrer l'ennemi, puis il nous fallut retourner encore dans le Hundsruck où nous étions si malheureusement connus. A notre approche, les habitants du pays abandonnaient leurs maisons et se réfugiaient dans les bois. Les villages étant inhabités ne pouvaient plus offrir aucunes ressources ; il fallait se rabattre sur les petites villes qui bientôt ruinées elles aussi ne pouvaient plus suffire à nous nourrir. La famine nous chassa et il fallut rentrer en campagne pour avoir des vivres.

Les Autrichiens avaient passé le Rhin et occupaient Kreutznach. Ordre fut donné de les en déloger. Après une assez vive résistance, la ville fut prise et mise au pillage. Quand nous y entrâmes, les généraux essayaient d'arrêter le pillage et chassaient les soldats à grands coups de plats de sabre. Nous prenant pour des pillards, le général Bernadotte vint nous demander ce que nous venions faire à la ville. Je lui dis que notre régiment était aux portes de la ville et que nous venions pour tâcher de nous loger. — « Vous n'avez pas l'air mauvais sujets, nous dit le général, entrez dans cette maison, je la mets sous votre protection. » Nous voilà entrés quatre dans la maison indiquée. Nous y trouvons une femme et trois enfants qui à notre vue veulent se cacher ; ils venaient d'être pillés et la maison était sens dessus dessous, les armoires défoncées et tout ce qui n'avait pas été emporté était jeté pêle-mêle dans le plus grand désordre. Nous parvenons à les rassurer en leur faisant entendre que nous étions chargés de les protéger.

Pendant que nous préparions notre dîner, arrivent plusieurs demoiselles des environs, chassées de chez elles par le brigandage qu'on y exerçait. Nous fîmes de notre mieux pour les rassurer et nous leur fîmes partager notre repas. Mais au moment où l'on nous donnait un concert de bénédictions pour nos bons procédés, on frappe à la porte. Je vais ouvrir : c'étaient huit chasseurs à cheval ou plutôt huit diables à moitié ivres et qui avaient par malheur un billet de logement. On ne pouvait leur refuser l'entrée de la maison. Voilà la paix changée en une guerre affreuse et nos pauvres hôtes tombés du ciel en enfer. J'essayai bien de faire entendre raison aux chasseurs, mais pas moyen ; les intimider, c'était difficile ; nous n'étions que quatre contre huit et nos épées de musiciens n'auraient pas pesé lourd contre leurs sabres de cavaliers.

Après avoir visité la maison et s'être convaincus par eux-mêmes qu'il n'y avait plus rien, quatre d'entre eux allèrent courir la ville pour faire des vivres. Ils revinrent bientôt chargés de volailles et d'un énorme baquet de vin. Leur dîner se prolongea jusqu'à dix ou onze heures du soir et ils l'avaient si bien arrosé qu'ils étaient tous ivres. Les misérables firent alors le complot de s'emparer des malheureuses filles qui étaient avec nous dans un coin de la chambre. Pour parvenir à leur but, ils soufflèrent la chandelle. Ce ne fut alors qu'un cri dans toute la maison. Quelques-unes se sauvèrent, mais celles qui tombèrent dans leurs griffes subirent les derniers outrages. Je réussis à en emmener une avec moi dans une chambre et je parvins à la soustraire aux investigations des chasseurs, en la cachant sous mon lit plus morte que vive.

Lorsque je n'entendis plus aucun bruit dans la maison et que je supposai que nos ivrognes étaient endormis, je parvins, après bien des supplications, à la faire sortir de sa cachette : elle était morte de frayeur et de froid. Je lui cédai ma place dans mon lit et je veillai auprès d'elle. Au point du jour j'entends la trompette ; me voilà à courir réveiller nos chasseurs. Ils dormaient chacun dans le coin où ils étaient tombés et le canon ne les aurait pas réveillés. — « Allons, camarades, voilà longtemps que la trompette sonne, fis-je à chacun en le secouant. » Les voilà courant au plus vite et eux partis la paix était rentrée dans la maison.

Aussitôt leur départ, j'allai reconduire chez elle ma compagne qui ne savait comment me remercier. Elle trouva dans sa maison un général qui y était logé. D'un seul mot, elle aurait pu faire fusiller ces ivrognes ; mais elle jugea convenable pour elle et pour ses compagnes de garder le silence : c'est ce qu'elle avait de mieux à faire. De retour à la maison, je trouvai mes camarades en train de faire la cuisine avec ce qu'avaient laissé les chasseurs. Pendant que nous étions à faire un bon déjeuner de leurs restes, voilà nos chasseurs qui reviennent ; mais ce n'étaient plus les mêmes hommes. Quand nous leur contâmes ce qu'ils avaient fait la veille, ils ne voulaient pas y croire. Ils firent mille excuses à la bourgeoise, et, pendant les huit jours qu'ils restèrent encore avec nous, ils ne se dérangèrent pas une seule fois et ils nous nourrirent nous et toute la famille.

Il fallut laisser la ville et aller coucher au camp qui était dressé sur les hauteurs de Kreutznach. C'était du milieu de l'hiver et par un très mauvais temps. J'allais voir quelquefois la jeune fille que j'avais sauvé des chasseurs et j'en recevais toujours bon accueil ainsi que de sa famille. Comme je me plaignais devant elle d'être obligé de coucher au camp : — « J'en parlerai au général, me dit-elle, et je tâcherai de vous faire venir en ville. » Le lendemain notre colonel recevait l'ordre d'envoyer sa musique pour faire le service du quartier-général, et j'étais logé chez un bon bourgeois auquel j'avais été recommandé et qui me traita fort bien. A quelques jours de là un armistice était conclu entre les armées française et autrichienne, et nous restâmes tout l'hiver à Kreutznach fort tranquilles.

V

SOUS HOCHE, JOURDAN, MASSÉNA.

Le général Hoche, commandant en chef de l'armée de Sambre et Meuse. — Passage du Rhin à Dusseldorf (16 avril 1797). — Les recruteurs. — Marche victorieuse de notre armée. — Préliminaires de paix de Léoben (29 avril 1797). — A Lauterbach. — Mère ivrogne, fille galante. — Une histoire d'émigré. — Mort de Hoche (18 septembre 1797). — En garnison à Mayence. — Fête de l'Agriculture. — Madame la capitaine. — A Strasbourg. — Armée du Danube sous les ordres de Jourdan. — Passage du Rhin (1er mars 1799). — A travers la Forêt-Noire. — Le couvent de Saint-Blaise. — Les nonnes du couvent. — Le général Jacopin perd la carte. — En retraite dans la Forêt-Noire. — Nous repassons le Rhin à Huningue (3 avril 1799). — Nous faisons partie de l'armée du Rhin sous Masséna. — L'ennemi tente le passage de l'Aar. — Les tirailleurs suisses. — A la suite d'une querelle avec nos officiers, nous donnons notre démission. — Je reçois seul mon congé. — Je laisse mon régiment (2 septembre 1799).

VEC le beau temps commença une nouvelle campagne. Le général Beurnonville avait été remplacé par le général Hoche dans le commandement de l'armée de Sambre et Meuse. Le nouveau général en chef réunit ses troupes sur le Rhin pour leur faire passer le fleuve à Neuwied et à Dusseldorf. On nous dirigea sur cette dernière ville et notre demi-brigade fut incorporée dans la division du général Championnet qui l'avait demandée. Les débuts de la campagne ne furent pas heureux pour nous. On nous envoya dans un village où l'on nous laissa deux jours sans vivres. Il fallut me contenter pour toute nourriture de cuisses de grenouilles frites avec du suif.

Le 16 avril 1797 toute l'aile gauche de l'armée déboucha du camp retranché de Dusseldorf et vint prendre position sur la rive droite du Rhin, vis-à-vis de Cologne. Notre régiment fut cantonné à Elberfeld. On nous logea six musiciens dans une auberge, à quatre francs par tête, payés par le bourgeois chez lequel nous avions un billet de logement. Voilà bien du changement, une table d'hôte, après les fritures de grenouilles.

Près de la ville se trouvait la ligne de démarcation gardée par les Prussiens avec lesquels nous étions en paix. Comme nous autres musiciens nous avions à peu près carte blanche, nous fîmes le projet, mon camarade et moi, d'aller nous promener à la ville voisine en traversant les lignes prussiennes.

Nous voilà partis pour Markel, c'était le nom de la ville. En route nous fûmes accostés par un monsieur très bien mis qui engagea la conversation tout en faisant route avec nous. Il nous fit différentes questions sur la situation de la France, sur son gouvernement, sur la Révolution, toutes choses auxquelles nous ne pouvions guère répondre. Il nous insinua que le service de la France n'était pas honorable, que les Français avaient perdu l'honneur en faisant mourir leur roi et que cette tache ne s'effacerait jamais. En arrivant à la ville, nous entrâmes dans une auberge où l'on nous servit, sur l'ordre de notre compagnon, une petite colation. Mais à peine étions-nous installés que nous voilà entourés de recruteurs de tous les pays qui nous offrent de prendre du service en Angleterre, en Prusse, en Autriche. La bière est changée en vin et on nous en verse à profusion pour nous échauffer la tête et nous faire perdre l'esprit. Mais toutes leurs propositions ne pouvaient nous tenter et nous ne songions qu'à nous esquiver. Lorsque notre compagnon vit notre inquiétude, il chercha à nous rassurer. Sur un signal de lui, tous les recruteurs se retirèrent. Il nous dit alors qu'il était émigré français, qu'il avait été autrefois attaché à la cour, et qu'il était aujourd'hui le chef des recruteurs que nous avions vus. — « Mais soyez sans inquiétude, nous dit-il, nous ne forçons personne. » Il vint nous reconduire, et, en le remerciant de ses honnêtetés, nous lui promîmes de revenir, ce que nous nous gardâmes bien de faire. A notre retour, notre hôte nous apprit que presque tous les Français qui allaient dans cette ville étaient si bien traités qu'ils ne revenaient plus.

Quelques jours plus tard nous entrions en campagne et quelle campagne !... Une course à fond de train en franchissant collines et rivières à la course, sans trouver de résistance de l'ennemi qui fuyait à notre approche. Nous arrivâmes ainsi presque sans coup férir à Giessen sur la Lahn, après avoir parcouru trente-cinq lieues en cinq jours. Là nous nous arrêtâmes. L'ennemi était en force de l'autre côté de la rivière et occupait des positions formidables, pour nous en défendre le passage. Nous nous attendions à un grand bal pour le lendemain. Le soir nous fîmes musique au quartier-général, ce qui nous valut un logement et un bon souper. Nous n'étions pas couchés depuis une heure que nous fûmes réveillés par les cris : la paix ! la paix ! Je vais immédiatement aux renseignements et une ordonnance me confirme la nouvelle. Nous voilà tous debout et bien contents. Notre hôte ne l'était pas moins que nous, aussi nous fit-il célébrer la bonne nouvelle en nous versant force gouttes.

Les préliminaires de paix signés à Léoben (29 avril 1797), communiqués au général Hoche par les Autrichiens, arrêtèrent bien à regret le général dans sa marche victorieuse. Dès le lendemain toutes les troupes se mirent en mouvement. Chaque régiment prit la route de son cantonnement et dans la même journée toute l'armée de Sambre et Meuse fut dispersée. Notre demi-brigade fut dirigée sur la principauté de Hesse-Darmstadt et alla tenir garnison à Lauterbach. Nous y fûmes très bien reçus : la ville n'avait pas encore logé de Français ; mais les habitants apprirent à leurs dépens à nous connaître, car nous y sommes restés un an, et pendant tout ce temps notre nourriture resta à leur charge.

***

Je fus logé seul chez un marchand qui me reçut assez mal d'abord, mais dont je parvins peu à peu à me faire bien venir. Je me rendais utile à la maison en servant au magasin, et je fus bientôt traité en ami. Mon bourgeois faisait un voyage, tous les trois mois, à la foire de Francfort et restait trois semaines absent. En partant il me donna la surveillance de toute sa maison, même de sa femme qui avait le défaut de boire un peu. J'avoue que je laissai la vieille vivre à sa fantaisie et que je ne cherchai pas à contrarier ses goûts. Mais il y avait à la maison une charmante fille à qui je faisais les yeux doux et qui ne demandait pas mieux que de répondre à mon amour. La vieille rentrait tard et il fallait souvent la porter dans son lit. Un soir je la trouvai, dans ma chambre, couchée dans mes draps et cuvant son vin, en ronflant comme une toupie. J'appelle la fille pour lui faire voir mon camarade de lit. On voulait la réveiller. Je m'y opposai en disant que ce serait la rendre malade et qu'à son réveil la surprise la guérirait peut-être de son défaut. — « Mais où coucherez-vous ? — Eh bien ! puisqu'elle a pris mon lit, je prendrai le sien. » La demoiselle couchait avec sa mère, aussi se récria-t-elle beaucoup à ma proposition. Mais je pris le rôle de maman, et, usant d'une douce contrainte, sans trop de résistance, j'entraînai ma fille dans sa chambre. Je la dorlotai de mon mieux et je finis par la convaincre que je serais un meilleur camarade de lit que sa maman. Je laisse à penser la nuit !... Au point du jour, je rentre dans ma chambre sans bruit et je me couche sur deux chaises. La vieille se réveille et appelle sa fille. Je dors. Elle se jette à bas du lit. Je feins alors de me réveiller en sursaut, tout exprès pour juger de sa stupéfaction. — « Que faites-vous là, me dit-elle ? — Eh ! mais il me semble que c'est à moi de vous le demander, à moi que vous faites coucher sur des chaises, tandis que vous ronflez dans mon lit. » C'est alors qu'elle s'aperçut qu'elle était dans ma chambre. Elle me demanda si sa fille le savait. Je lui dis que oui, mais que c'était moi qui, pour ne pas la réveiller, avais consenti à passer une mauvaise nuit. Elle pouvait le croire, car j'avais les yeux bien gros. Elle me fit beaucoup d'excuses et de mon côté je lui fis une petite remontrance qui n'était pas trop à sa place. Après une pareille scène, j'étais maître absolu dans la maison. Le jour, la nuit tout marchait par mes ordres.

* * *

Comme les musiciens n'étaient pas consignés, ils pouvaient franchir les lignes des avant-postes. Un jour j'allai avec un camarade me promener dans un village au-delà de la ligne de démarcation. Etant à nous rafraîchir dans une auberge, je vis à une table un individu assez bien mis, qui paraissait livré à la plus vive affliction. Son physique annonçait un Français. J'allai lui taper sur l'épaule et le prier de boire avec nous. Il me refusa d'abord. J'insistai en lui disant que peut-être nous pourrions lui rendre service. Au mot de service, il lève la tête et nous voyons notre homme pleurer à chaudes larmes. — « Mes amis, nous dit-il, puisque vous paraissez compatir à mes peines, je vais me confier à vous. Je suis français, et un Français bien malheureux. J'ai servi en France avant la Révolution. Une affaire malheureuse m'a forcé de déserter. J'ai été obligé de prendre du service en Russie, puis en Prusse, et je viens d'obtenir mon congé pour rentrer dans ma patrie qui m'est toujours chère. Mais on m'a dit que tous les Français, émigrés ou non, qui se présentaient aux avant-postes, sans passe-port, étaient fusillés sans autre forme de procès. Nous venons d'essayer, moi et ma femme que voilà, de franchir ce terrible pas ; mais, à la vue des sentinelles, notre courage nous a abandonnés et nous avons rétrogradé jusqu'ici. » Nous fîmes tout notre possible pour le rassurer et pour le réconforter. — « Venez avec nous, lui dis-je. Vous voyant avec des militaires, on ne songera pas à vous demander vos papiers, et, quand nous aurons passé les avant-postes, nous tâcherons de vous procurer un passe-port. » Ma proposition fut acceptée avec enthousiasme, et nous voilà en route, moi avec la femme sous le bras, et mon camarade avec le mari.

Les avant-postes furent franchis sans encombre. Notre homme ne se connaissait pas de joie. — « Mes bons amis, nous dit-il, c'est la providence qui vous a envoyés à mon secours. Maintenant que j'ai, grâce à vous, franchi le pas que je croyais le plus difficile, j'ai confiance dans la réussite de mon entreprise. Mais vous êtes de braves gens, je le vois bien, et je puis tout vous confier. Je suis émigré ; j'ai servi dans l'armée de Condé qui vient d'être licenciée. J'ai appris que les biens que je possédais en France n'étaient pas tous vendus et qu'ils pourraient m'être rendus, grâce aux nombreux amis que j'ai dans le pays. Ma femme qui est allemande a voulu tenter l'aventure avec moi, et grâce à vous, mes bons amis, j'espère la mener à bonne fin. »

Nous étions arrivés à la ville et nous étions entrés tous ensemble dans une auberge pour tenir conseil sur ce qu'il fallait faire afin de se procurer un passe-port. Je proposai à notre émigré de le présenter à notre colonel que je savais plein d'humanité et incapable de trahir celui qui aurait mis sa confiance en lui. Après quelque hésitation, il consentit à me suivre, et, annoncés par l'ordonnance, nous voilà dans le cabinet du colonel, mon compagnon tout tremblant, et moi un peu embarrassé de ce que je devais dire. — « Mon colonel, j'ai l'honneur de vous présenter.... — Un nouveau musicien, sans doute ? — Non, mon colonel. — Qui donc, alors.... » et il regarde mon compagnon qui avait un air tout effaré et paraissait en proie à une émotion violente. Mais quelle n'est pas ma surprise, lorsque je les vois se jeter dans les bras l'un de l'autre, et se donner toutes les marques de la plus franche amitié. — « Par quel hasard te trouves-tu là, mon cher ami, dit enfin le colonel. » Mais la joie avait coupé la parole à mon compagnon et je fus obligé de répondre pour lui. Je racontai tout ce que je savais. — « Allez vite me chercher son épouse et dites-lui que son mari est avec un ami d'enfance, né presque sous le même toit, élevé dans le même collège. » Me voilà courant porter la bonne nouvelle. La dame, en pleurs depuis le départ de son mari, sécha bien vite ses larmes et je la conduisis à mon bras chez le colonel, puis je me retirai : ils avaient trouvé là une protection plus efficace que la mienne.

Le lendemain, ils vinrent à mon logement me remercier et ils m'apprirent que le colonel les avait conduits chez général Soult, alors notre général de brigade, qui leur avait donné une feuille de route pour rentrer en France. Ils me remercièrent avec effusion de ce que j'avais fait pour eux. — « Si j'ai le bonheur de rentrer dans mes biens, me dit le mari, n'oubliez pas qu'il en est une part qui vous appartient ; car sans vous je ne jouirais pas du bonheur de revoir ma patrie. » Je le remerciai et nous nous séparâmes les meilleurs amis du monde ; mais je n'ai plus jamais eu de ses nouvelles.

*
* *

Pendant notre séjour à Lauterbach, nous fûmes appelés deux fois à Giessen : la première pour une fête que donnait le général Hoche, et la seconde pour les funérailles de ce même général. Il mourut, le 18 septembre 1797, d'une maladie de poitrine, au quartier général de Wetzlar. Son corps fut transporté de l'autre côté du Rhin et déposé à côté de celui de Marceau, près de Coblentz.

Il y avait un an que nous étions à Lauterbach. Nous avions bien reçu plusieurs fois l'ordre de partir ; mais, au moment de nous mettre en marche, nous avions reçu contre-ordre. On avait fait à diverses reprises des réquisitions de grain, de farine, d'argent, que les gens du pays s'empressaient de fournir pour se débarrasser de nous, puis le contre-ordre arrivant, le tout passait probablement dans la poche des généraux. Cependant après avoir répété ce manège plusieurs fois, il fallut réellement partir, laissant beaucoup de regrets de la part des filles et des femmes, mais peu de la part des maris.

Notre régiment fut désigné pour tenir garnison à Mayence. Dès notre arrivée, on nous caserna, les sapeurs et la musique, dans une ancienne maison de chanoines. Il fallait vivre dorénavant sur sa bourse : nous n'étions plus en pays ennemi. Force fut de se contenter d'un mauvais lit de caserne et d'un maigre ordinaire.

C'est pour la première fois, dans cette ville, que j'assistai aux fêtes civiques de la Révolution. La première fut celle de l'Agriculture. Sur un char, traîné par huit bœufs magnifiques, se trouvaient une charrue et quatre des plus anciens laboureurs du pays. Jamais les pauvres vieux, qui avaient des figures bien respectables, ne s'étaient vus si bien entourés. Ils avaient pour cortège une bande de jeunes demoiselles habillées tout en blanc et portant des corbeilles garnies de fleurs et de fruits de toute espèce. Elles étaient suivies de jeunes gens armés de faux, de faucilles et autres instruments d'agriculture. Trois musiques étaient distribuées dans le cortège, la nôtre précédait le char. Après avoir parcouru les principales rues de Mayence, le cortège sortit de la ville et se rendit dans un champ où le plus ancien magistrat traça un sillon.

Le soir il y eut un grand bal et notre musique fut désignée pour en former l'orchestre. Mais nous prévînmes l'ordonnateur qui était venu nous chercher avec un ordre du gouverneur que nous n'entendions point jouer pour le roi de Prusse, et qu'avant tout il fallait faire marché. Ce n'est pas ainsi qu'il l'entendait. Il retourna auprès du gouverneur, le général Châteauneuf-Randon, qui lui déclara qu'on ne pouvait nous obliger à jouer sans nous payer. On consentit à nous donner quinze francs par musicien avec un bon souper et des rafraîchissements à volonté. Le bal fut plus gai que la cérémonie et se prolongea jusqu'à cinq heures du matin.

On célébra encore plusieurs autres fêtes, entre autres celle du 14 juillet et celle du 10 août. Ce fut à cette dernière que je fis une connaissance fort agréable. Le hasard me mit en relations avec la femme d'un capitaine autrichien dont le mari était en Italie. Au bout de quelques jours nous étions au mieux et elle se consolait avec moi de l'absence du capitaine avec lequel du reste elle avait peu vécu. Son mari lui faisait payer une assez jolie pension qu'elle allait toucher tous les mois chez un banquier de Francfort. Elle avait cheval, cabriolet, domestique : tout cela était à ma disposition. Madame aimait le plaisir, la danse, la bonne chère, aussi nous courions toutes les fêtes. Je n'avais plus à m'occuper ni de pension, ni de logement ; la caserne ne me voyait que pour le service : c'était une bombance du matin au soir. Mais à la fin la bourse s'épuisa. Nous convînmes que la promenade à pied ne manquait pas de charmes et l'on vendit le cheval, puis on renvoya le domestique. Malheureusement celui-ci alla prévenir le banquier de Francfort qui supprima la pension et écrivit au mari. Après avoir mangé le cheval, il fallut manger la voiture, et je ne sais ce que nous aurions encore mangé, si nous n'avions reçu l'ordre de repasser le Rhin. Madame la capitaine voulait bien me suivre ; mais il était expressément défendu à toute femme non mariée de suivre l'armée. Il fallut donc se laisser, mais ce ne fut pas pour longtemps.

Il y avait à peine huit jours que nous étions cantonnés à Rudesheim, à six lieues de Mayence, sur la rive droite, que je vis arriver Madame la capitaine avec une jolie femme de chambre presque aussi bien mise que la maîtresse. Les fonds étaient en hausse. Elle était allée faire un voyage à Francfort et elle avait soutiré de son banquier une centaine d'écus. Je l'aidai à les manger et ce fut bientôt fait. Au bout de quinze jours, il ne restait plus rien : il fallut de nouveau se séparer. Quelque temps après nous reçûmes l'ordre de partir pour Strasbourg. En passant à Mayence, je la revis encore ; mais ce fut pour la dernière fois. A la fin d'octobre, nous arrivions à Strasbourg pour y tenir garnison, et nous y sommes restés tout l'hiver.

*
* *

La guerre avec l'Autriche et la Russie venait d'être déclarée, après une période de paix de deux ans. Dans toute ma carrière militaire, c'est le plus long espace de temps qui se soit écoulé sans guerre. Le 1er mars 1799, on fit passer le Rhin à toute l'armée dite du Danube qui venait d'être formée et dont notre régiment faisait partie. L'armée, commandée en chef par Jourdan, s'avança sur quatre colonnes. Nous appartenions à celle de droite commandée par le général Férino, et l'on nous dirigea à travers la Forêt-Noire sur Blomberg.

Après quelques jours de marche, nous atteignions le couvent de Saint-Blaise, qui était alors réputé pour le plus grand et le plus riche de toute l'Allemagne. Il fallait bien qu'il fût considérable, puisque quatre à cinq mille hommes trouvèrent à se loger dans le couvent et dans ses dépendances. Les soldats étaient par compagnie dans les granges, les officiers avaient des chambres. On nous donna une chambre pour toute la musique, et deux espèces de musiciens du couvent se mirent à notre disposition pour nous servir ; car c'était le couvent qui faisait les frais de notre nourriture : pain, vin, viande, Saint-Blaise fournissait tout. Après un bon souper où le vin fut abondant, grâce à nos servants, il fallut songer à se coucher. On enleva les tables, on apporta de la paille et chacun fit son lit. Je ne me souciais pas beaucoup de coucher sur la paille et je résolus de chercher si, dans cette vaste maison, je ne trouverais pas un lit inoccupé.

Dans un corridor, je rencontrai le secrétaire du colonel qui me dit : — « J'ai une belle petite cellule et un bon lit, veux-tu les partager ? » Je m'empressai d'accepter, et nous voilà en quête de notre domicile. Mais mon camarade de lit avait oublié le numéro de sa chambre, et il y avait tant de cellules semblables à droite et à gauche des corridors qu'il était impossible de s'y reconnaître. Nous voilà errants à l'aventure au milieu de la nuit, pour tâcher de trouver quelque habitant du couvent qui puisse nous faire retrouver notre cellule. Au bout d'un corridor, nous entendons du bruit, nous écoutons : c'étaient des femmes qui se disputaient. Après avoir frappé à la porte d'où venait le tapage, nous entrons et nous nous trouvons au milieu d'une douzaine de femmes tout ébahies de notre présence. Je leur expliquai de mon mieux, en m'excusant, pourquoi nous les avions dérangées. Mais comme je ne parlais pas très bien allemand, elles se mirent à rire, ce qui nous annonçait qu'elles n'étaient pas trop sauvages. Il y avait là de fort jolies filles et les plus vieilles n'étaient pas les plus sages. Cinq minutes suffirent pour nous faire faire connaissance : toutes voulaient venir avec nous pour chercher notre chambre. Deux nous suffisaient ; mais comment les décider ? Nous fûmes tirés d'embarras par un des musiciens qui nous avait servis à table : c'était un bon vivant, et nous ne craignîmes pas de lui manifester le désir d'avoir la société de deux de ces demoiselles pendant la nuit. — « Venez vous coucher, nous dit-il, et ne fermez pas votre porte. » Nous le suivîmes et à peine étions-nous installés dans notre cellule que nous recevions la visite de deux des demoiselles que nous venions de quitter. Il fallut mettre la moitié du lit par terre, et chacun avec sa chacune, on fut bien vite couché. Couché, oui, mais pour dormir personne n'y songea. Nous n'avions pas encore fermé l'œil, que le tambour du bivouac battait déjà. Ce fut notre servant qui vint nous séparer de nos compagnes. Nous voulûmes reconnaître ses bons offices en lui donnant la pièce ; mais il refusa, en nous disant que nous pouvions cependant faire les généreux auprès de ces demoiselles. Quoique un peu étonnés de l'observation, nous mîmes la main à la bourse et nous reçûmes les remerciements de nos camarades de lit qui partirent fort contentes de nous.

L'aventure était assez curieuse : trouver dans un couvent de moines pareilles femmes ! Le secrétaire en parla au colonel qui lui raconta qu'aventure à peu près semblable lui était arrivée ; qu'à peine était-il couché, on était venu frapper à sa porte ; qu'ayant été ouvrir, il avait trouvé une demoiselle qui avait feint de se tromper de chambre ; qu'il l'avait retenue sans trop de peine et que l'aventure s'était terminée comme la nôtre. Il est probable que les bons moines avaient fait venir ces femmes, pour faire oublier que dans les dépendances mêmes du couvent se trouvait un monastère de filles ; ils croyaient sauver ainsi l'honneur des vierges : c'était fort bien pensé.

*
* *

L'ennemi se dérobait devant nous. Nous faisions la guerre avec nos jambes, mais on ne les ménageait guère. Nous devions faire jonction, à un point convenu, avec une autre division. Mais le général Jacopin, qui commandait notre brigade, n'était pas fort sur la carte, car il la perdait souvent. Nous avions marché toute la journée et la nuit commençait à tomber, lorsqu'il s'aperçut qu'il s'était égaré. Nous étions à quatre lieues de la position que nous devions atteindre. Il fallut se remettre en route, au milieu des murmures des soldats qui se gaussaient du général en criant : Jacques, au pain, Jacques, à la viande. Nous n'arrivâmes qu'après minuit à notre position.

Le lendemain, nous nous mîmes en route, les deux divisions ensemble. Nous n'en étions que plus mal ; car le pays pouvait à peine suffire à notre subsistance. On nous fit côtoyer le lac de Constance, puis notre brigade seule, avec un détachement du 4e régiment de hussards, fut envoyée en avant-garde à une vingtaine de lieues du lac. On nous fit bivouaquer près d'un grand village. Le lendemain, dès le point du jour, on entendit gronder le canon, mais très loin de nous. On prit les armes et l'on envoya les hussards à la découverte. Ils revinrent presque aussitôt annonçant qu'ils avaient trouvé les avant-postes de l'ennemi. On resta en position en attendant des ordres, sans se douter qu'un grand danger nous menaçait. En effet l'ennemi manœuvrait pour nous couper. C'est ce que vint nous annoncer un aide de camp qui, pour nous rejoindre, avait été obligé de traverser les postes ennemis. Il fallait battre en retraite, et au plus vite : deux heures plus tard nous étions coupés.

On nous fit marcher toute la journée et une partie de la nuit sans presque nous arrêter. Nous regagnâmes ainsi les bords du lac de Constance où nous trouvâmes deux divisions qui heureusement avaient arrêté l'ennemi. Notre brigade se mit en ligne et comme nous occupions une forte position, l'ennemi ne put nous en débusquer. Mais la nuit venue, il fallut se mettre de nouveau en retraite. Il y eut un moment de confusion et les soldats commençaient à se débander. Notre général parvint cependant à les rallier. — « Mes amis, leur dit-il, nous allons traverser la Forêt-Noire qui est pleine de bandes de partisans. Ceux qui s'éloigneront du gros de l'armée sont sûrs de tomber entre leurs mains, tandis que si nous restons réunis, ils n'oseront pas nous attaquer. Nous sommes coupés de notre corps d'armée, nous ne pouvons donc plus compter que sur nous pour nous défendre. Je vous promets de vous ramener au Rhin, mais serrons nos rangs et honte aux fuyards. » Les soldats, confiants dans l'assurance du général, reprirent leurs rangs et nous pûmes arriver à Neustadt, au centre de la Forêt-Noire, sans avoir rencontré d'autre ennemi qu'un corps de partisans d'environ six cents hommes qui fut culbuté et en partie fait prisonnier.

Le lendemain notre régiment fut détaché et dut continuer sa retraite en franchissant une montagne qu'on appelle la Montagne du Ciel. Malgré la saison avancée nous avions de la neige jusqu'à mi-jambes. Arrivés au sommet, on nous fit bivouaquer auprès d'un couvent où s'établit notre état-major. Le couvent était riche et il nous fournit en abondance du pain, du vin, de la viande. Le lendemain nous étions à faire musique pendant le dîner du général, lorsqu'une ordonnance apporta à celui-ci un ordre pressant de départ. On se mit en route au plus vite et on gagna la route de Fribourg. En marchant nuit et jour, on continua de battre en retraite sur Huningue, où nous arrivâmes le 3 avril 1799.

*
* *

A quelque temps de là nous partions pour la Suisse pour faire partie de l'armée dite du Rhin, commandée par Masséna. Nous fûmes reçus par les braves Suisses comme des libérateurs. Mais ils ont appris à leurs dépens qu'il n'est pas toujours bon de se mettre sous la protection d'un voisin trop puissant. On nous posta près du Rhin, non loin de Zurzach, pour garder une gorge. Les Autrichiens campaient de l'autre côté du fleuve ; ils restèrent quelques jours sans nous inquiéter, mais à la première démonstration qu'ils firent contre nous, comme nous n'étions pas en force, nous battîmes en retraite et après avoir repassé le Limmat et l'Aar, nous prîmes position derrière cette rivière. Les Autrichiens nous avaient suivis et occupèrent bientôt l'autre rive ; ils furent renforcés par les Russes que nous voyions pour la première fois.

L'archiduc Charles voulut tenter le passage de l'Aar en face de nous à Dettingen (16 août 1799). Il fit établir sur une colline qui dominait notre camp trente-huit pièces de canon de fort calibre qui de temps en temps faisaient pleuvoir sur nous une grêle de boulets. Voulant jeter un pont sur la rivière, les Russes s'employèrent pendant plusieurs nuits à jeter des planches les unes sur les autres pour nous habituer à ce bruit-là. Puis une belle nuit ils songèrent à mettre à exécution leur projet, et, pendant que toutes leurs pièces vomissaient sur nous la mitraille, leurs pontonniers se mirent à l'œuvre. De nombreux tirailleurs furent envoyés sur les bords de la rivière pour arrêter leur ouvrage, mais sans y réussir. Ils avaient bien déjà la moitié de leur pont de fait, lorsque arrivèrent deux compagnies de tirailleurs suisses, pour relever les nôtres qui n'avaient peut-être pas tué dix hommes. Il n'en fut pas ainsi des Suisses : chaque coup portait. Ils ne tiraient que sur les ouvriers et à chaque coup il en tombait un à l'eau. On les entendait hurler comme des loups : ils étaient tous ivres, comme c'est l'habitude chez eux. A mesure qu'une nouvelle bande d'ouvriers arrivait, ils se gorgeaient d'eau-de-vie, mais les Suisses les envoyaient bientôt boire un autre coup dans la rivière. Pendant ce temps il nous était arrivé du renfort, et comme les Russes ne trouvaient plus d'ouvriers, il leur fallut renoncer à tenter le passage. Un trompette sonna de l'autre côté de l'eau pour demander un parlementaire ; mais les Suisses ne connaissaient pas cela, et à peine le trompette avait-il paru qu'il recevait une balle. Cependant notre général s'en étant aperçu fit cesser le feu. A quelques jours de là une suspension d'armes était signée et nous étions envoyés en cantonnement.

*
* *

Un jour quelques-uns de mes camarades, se trouvant dans une auberge, eurent querelle avec de nos officiers qui voulurent les faire sortir de la salle où ils étaient. Sur leur refus, on envoya chercher la garde et deux d'entre eux furent mis en prison. Le lendemain on vint me prévenir qu'il avait été convenu que nous donnerions tous notre démission ; nous étions alors quatorze gagistes. Je ne pouvais pas rester seul avec la grosse batterie, j'allai donc comme les autres porter ma démission au colonel. — « Je vois bien que c'est un complot, me dit celui-ci, mais j'en découvrirai le chef et il payera pour les autres. » J'étais loin de m'attendre, moi qui n'y avais été pour rien, que je serais le seul puni. Ayant appris qu'à deux lieues de nous se trouvait un régiment qui voulait former une musique, je fus délégué par mes camarades pour aller m'entendre avec le colonel. Je fus fort bien reçu, et il consentit à nous prendre tous, mais il voulut auparavant parler à notre colonel. Celui-ci apprit par lui ma démarche, et, quelques jours après, je recevais seul mon congé. Il m'était dû plusieurs mois de solde, mais il me fut dit qu'il n'y avait point d'argent pour moi dans la caisse du régiment et, comme j'insistais, on me menaça de me faire prendre un fusil, si je ne partais pas.

J'avais reçu des offres du 5ᵉ régiment de hussards qui était cantonné près de Bâle, je résolus d'aller m'y présenter. Tous mes camarades vinrent me faire la conduite, et ce n'est pas sans verser bien des larmes que j'abandonnai le régiment où j'étais entré le 6 mars 1791 et que je quittai le 2 septembre 1799.

VI

AU 5ᵉ RÉGIMENT DE HUSSARDS.

Je m'engage au 5ᵉ hussards. — En cantonnement à Rufack. — Passage du Rhin à Bâle (25 avril 1800). — Nous traversons de nouveau la Forêt-Noire. — Notre officier de musique, ancien moine, est enterré au couvent de Saint-Blaise. — Combats de Stokach et Engen (2 mai 1800). — Combat de Mœsskich. — En Souabe. — A Augsbourg. — Visite aux prêtres émigrés. — J'ai pour invité un évêque. — Suspension d'armes de Hohenlinden (20 septembre 1800). — Reprise des hostilités. — Le général Moreau. — La marmite des dragons. — La nuit dans la neige. — Bataille de Hohenlinden (3 décembre 1800). — La légion polonaise. — Le 5ᵉ hussards se couvre de gloire. — Les Autrichiens en fuite. — Ils nous abandonnent tous leurs magasins de réserve. — Suspension d'armes. — Au couvent de Krems-Munster. — A Gratz. — Nous faisons prisonnière une colonne de 3.000 Autrichiens. — Les belles Styriennes. — Nous les faisons danser. — En cantonnement à Ischel. — Une ascension de montagne. — Au sommet. — Descente désastreuse. — On me ramène au village tout éclopé. — On panse mes blessures. — Nous passons gaiement le carnaval.

E 23 septembre 1799, je signai mon engagement dans le 5ᵉ hussards où j'avais été accepté sans difficulté, et me voilà de fantassin devenu cavalier. Je n'eus pas pour le moment à m'en plaindre ; car durant tout l'hiver nous ne fîmes que courir de cantonnement en cantonnement, pendant que mon ancien régiment se battait contre les Russes et était rudement éprouvé. Le colonel fut fait prisonnier, et, comme c'était à lui que je devais de n'avoir pas été payé, je pus alors obtenir de toucher l'arriéré de ma solde. On me fit même la proposition de reprendre ma place dans la musique, mais je me trouvais bien où j'étais et j'y restai.

Après avoir tenu garnison à Berne, on nous envoya cantonner dans le Haut-Rhin, à Rufack, lieu natal du général Lefebvre, depuis duc de Dantzig, où je fis connaissance avec la sœur du général qui tenait alors un petit café.

Au printemps de l'année 1800, nous entrions de nouveau en campagne. Notre régiment était incorporé dans l'armée du général Moreau, qui réunissait sous son commandement les armées du Danube et du Rhin. Nous faisions partie de la division Richepanse et du corps de réserve qui était sous le commandement direct du général en chef Moreau.

Après avoir passé le Rhin à Bâle (25 avril 1800), nous fûmes d'abord employés à faire une fausse attaque sur la route de Fribourg; puis après avoir voltigé deux ou trois jours de côté et d'autre pour tromper l'ennemi, on nous fit rétrograder sur Bâle et prendre une route à travers les montagnes de la Forêt-Noire. C'était pénible pour la cavalerie, encore bien plus pour l'artillerie. Mais on avait prévu la difficulté et l'on avait réuni là tous les chevaux et paysans que l'on avait pu trouver dans les villages des environs. Avec leur aide, on put monter les pièces. On employa jusqu'à douze chevaux pour une pièce de quatre et seize pour une pièce de huit. A quatre heures du soir, nous arrivions sur le plateau où se trouvait l'abbaye de Saint-Blaise, où j'avais déjà fait un séjour qui m'avait laissé d'heureux souvenirs. Le couvent était occupé par quelques bataillons autrichiens qui durent nous céder la place après un combat opiniâtre. Ce premier combat coûta la vie à notre officier de musique, un bien brave homme qui eut été mieux à sa place dans une église que dans les hussards. C'était un ancien moine, et il fut enterré dans le couvent : c'était sa destinée.

*
* *

Je ne passai pas une aussi bonne nuit que la première fois ; il n'y eut que les généraux qui logèrent au couvent. Il fallut dormir au bivouac, dans les bois. A la pointe du jour, nous nous trouvions trente mille hommes sur le plateau ; toute la nuit il était arrivé des troupes. Nous étions en force pour déboucher de nos montagnes. Dès le matin, on nous envoya à la découverte. L'ennemi s'était retiré devant nous et nous ne le trouvâmes en force que près du village de Stokach. Après un engagement d'avant-garde, il fallut nous replier au plus vite sur le gros de l'armée.

Le 2 mai, les deux armées restèrent en présence, se préparant à livrer bataille. Le lendemain 3, l'engagement fut général. L'effort se porta surtout sur les villages de Stokach et d'Engen. Les Autrichiens résistèrent jusqu'à dix heures du soir ; mais ils profitèrent de la nuit pour battre en retraite, nous abandonnant plusieurs milliers de prisonniers, des canons et des magasins considérables où ils avaient amassé des provisions pour nourrir leur armée pendant trois mois.

Le lendemain, nous nous mettions en mouvement à la poursuite de l'ennemi, et, le 5, les deux armées se trouvaient de nouveau en présence près Mœsskich. Envoyés en reconnaissance avec trois autres régiments de cavalerie, nous sommes bientôt arrêtés par des batteries ennemies qui nous barrent le passage. Nous ne pouvions, avec nos chevaux, gravir la colline où étaient établies les batteries et nous n'avions pas d'infanterie. Il fallut donc nour retirer dans un petit bois où nous étions à l'abri du canon. Dans cette position nous fûmes attaqués par un corps de l'armée autrichienne qui battait en retraite sur Mœsskich et qui nous rencontrait par hasard sur sa route. Heureusement l'ennemi ne connaissait point notre petit nombre ; car sans cela nous eussions tous été pris. Nous fîmes bonne contenance. Une batterie d'artillerie légère que nous avions avec nous fit feu de toutes pièces et seulement à mitraille, une partie des cavaliers fit le service de l'infanterie, et notre petite troupe parvint pendant deux heures à soutenir l'effort de forces considérables. On vint à notre secours, alors que nous allions succomber par le manque de munitions. L'engagement était devenu général et partout nous étions victorieux, mais la victoire avait été chèrement disputée et le combat avait duré jusqu'à la nuit.

*
* *

Les jours suivants, notre armée entra en Souabe à la suite des Autrichiens qui ne s'arrêtèrent qu'à Biberach, où ils espéraient défendre les immenses magasins qu'ils y avaient entassés.

Nous étions d'avant-garde et comme depuis deux jours nous ne rencontrions plus d'ennemis, la musique marchait en tête du régiment. En sortant d'un grand village, le 9 au matin, nous fûmes accueillis par une vive fusillade. Ce n'était pas l'affaire des musiciens, aussi nous voilà bien vite à prendre notre poste derrière le régiment. Quelque temps après, le combat devenant général, nous nous retirions sur une hauteur d'où nous pouvions tout voir sans danger.

Le général Richepanse ordonna à notre régiment de feindre une charge sur un régiment de houlans qui occupait un plateau. La trompette sonne ; voilà nos hussards partis, au trot, puis au galop : les houlans les attendent de pied ferme. Arrivés à portée de pistolets, nos trompettes sonnent la retraite et nos cavaliers tournent le dos aux houlans qui se mettent à leur poursuite. Mais le général avait fait passer une demi-brigade dans un petit bois près duquel ils sont entraînés. Là ils sont accueillis par une grêle de balles, les nôtres font volte face et les houlans sont presque tous tués ou faits prisonniers.

Tout l'effort de la bataille se portait sur un petit ruisseau dont l'ennemi disputait le passage. Pour enlever la position, un général, dont je ne me rappelle pas le nom et qui était borgne, forme un bataillon de grenadiers et jetant son chapeau de l'autre côté du ruisseau, il entre le premier dans l'eau en disant : — « Allons, grenadiers, allons chercher mon chapeau. » Tous le suivirent. Ils attaquèrent avec tant d'intrépidité les Autrichiens qui défendaient l'autre rive, que ceux-ci lâchèrent pied. Ce fut le signal d'une déroute générale, et le soir, au bivouac, les soldats répétaient : — « C'est un chapeau qui a gagné la bataille. »

La victoire de Biberach et celle de Memmingen, remportée le lendemain, laissèrent en notre pouvoir des magasins immenses qui apportèrent pour longtemps l'abondance dans toute l'armée française. Les Autrichiens démoralisés n'étaient plus capables de nous arrêter ; ils se retirèrent à Ulm, dans un camp retranché qui était entouré de formidables défenses. Toute l'armée française se réunit autour de cette ville, offrant la bataille à l'ennemi qui n'osa pas l'accepter.

*
* *

Notre division fut placée en observation sur la rive gauche du Danube. A peine étions-nous arrivés dans le village qui nous était assigné comme cantonnement que l'on aperçut sur la route qui conduisait à Ulm un nuage de poussière. Croyant que c'était une tête de colonne, notre régiment fut envoyé à la découverte. C'était un convoi de quelques centaines de bœufs et moutons qui arrivaient pour ravitailler la place, conduits par des paysans et quelques cavaliers qui ignoraient notre présence et qui s'enfuirent à notre vue. Nos hussards coupèrent la retraite aux troupeaux et les chassèrent vers le camp pour qui ce fut une aubaine inattendue. Notre armée n'avait pas dans ce temps-là l'habitude de se faire suivre de bétail : on s'en procurait seulement par le maraudage. Aussi les pauvres paysans, supportaient tout le poids de la guerre, et il arrivait souvent qu'ils mouraient de faim, lorsque, chez eux, nous étions dans l'abondance.

Au bout de quelque temps, notre régiment fut détaché de l'armée pour faire la guerre de partisans. Nous parcourûmes tous les environs d'Ulm à une distance de dix à vingt lieues, ne restant pas trois heures dans un endroit, n'ayant de repos ni jour ni nuit. Nous ne voyions que peu de troupes, nous ne faisions la guerre qu'aux paysans, aussi nous vivions dans l'abondance, dans un pays riche qui n'avait pas encore été ravagé par la guerre. Dans une de ces expéditions, nous fîmes la rencontre d'une de nos divisions qui quittait notre armée pour aller faire partie de l'armée d'Italie et qui contribua au gain de la bataille de Marengo.

Revenus au camp sous Ulm, nous restâmes à bloquer cette place jusqu'au 15 juillet, jour où fut signé (à Porsdorf près Munich) une suspension d'armes. L'espoir d'une paix prochaine causa une grande joie dans toute l'armée. On envoya notre régiment cantonner à Viebelengen, petite ville du Wurtemberg, à quatre lieues de Stuttgardt.

***

Je fus logé chez un vieil apothicaire, mari d'une jeune et jolie femme qui l'avait épousé contre son gré. Je fus très mal reçu de monsieur, un peu mieux de madame. Les bourgeois devaient nous nourrir, et je fus admis à la table de mon apothicaire. On y faisait si maigre chère que malgré les beaux yeux de ma jolie hôtesse, je résolus de n'y plus reparaître. Je prétextai les exigences du service qui m'empêchaient de me rendre à l'heure des repas, espérant qu'étant servi seul et par la femme, je serais mieux traité. Mais le vieux grigou préféra changer l'heure de ses repas, et, malgré mes réclamations, l'ordinaire ne fut pas changé et resta le même pour toute la famille. J'étais très mécontent. Un soir on nous servit à dîner une grande jatte de caillé avec de la farine, ce qui faisait une pâtée fort peu appétissante. Je n'en voulus pas manger et je demandai autre chose. On me répondit qu'il n'y avait rien et que du reste c'était assez bon pour un Français. A ce mot, je prends le plat et lui jette tout le contenu à la figure. Voilà un homme furieux : il se met à la fenêtre et appelle au secours. Notre colonel qui logeait en face, chez le bailli, entend le bruit et envoie l'adjudant pour s'informer de ce qui se passe. L'adjudant ne put s'empêcher de rire de l'état de mon hôte qui était couvert de lait de la tête aux pieds. Comme il était de mes amis, je n'eus pas de peine à le mettre dans mes intérêts. Il fit comprendre à mon hôte que j'avais droit à plus d'égards, que j'avais rang de sous-officier, que tout sous-officier comptait pour quatre soldats et que, si je sortais de chez lui, on me remplacerait par quatre hussards. Cela ne faisait pas le compte de mon apothicaire qui devint plus traitable. Il consentit à me faire servir dans ma chambre, et, grâce à la bonne volonté de sa charmante épouse, je fis de bons repas. Celle-ci venait souvent me tenir compagnie, et bientôt notre entente fut si complète que je n'avais plus rien à lui demander.

***

Un mois après nous recevions l'ordre de partir pour aller aux avant-postes de l'autre côté de Munich. L'armistice avait été dénoncé et la guerre allait recommencer. Nous nous dirigions sur Augsbourg. J'avais appris par un de mes pays qu'il y avait dans cette ville un prêtre de Poitiers. Comme nous ne devions que traverser la ville, je demandai à mon colonel la permission de m'y arrêter. Il me l'accorda, avec quelque difficulté. En entrant en ville, je vis un prêtre assez mal vêtu : c'était un émigré français. Je l'arrêtai et lui demandai s'il connaissait l'abbé Cherprennet, et s'il pouvait m'indiquer son logement. — « Je le connais beaucoup, me dit-il, et si je n'étais pas obligé d'aller dire ma messe, je me mettrais de suite à votre disposition pour vous conduire auprès de lui. Indiquez-moi un endroit où je pourrai vous retrouver, et, après ma messe, j'irai vous rejoindre. » Dans la rue où nous étions se trouvait un café qui avait pour enseigne *Café des Émigrés* ; je lui dis que je l'attendrais là. J'allai mettre mon cheval à l'écurie et j'entrai dans le café. Il était rempli d'émigrés et d'officiers de tous grades qui en passant étaient venus embrasser des parents, des amis éloignés de France depuis bientôt dix ans. J'assistai tout ému à plus d'une scène attendrissante.

L'abbé ayant dit sa messe vint me chercher et je me dirigeai avec lui vers la pension des prêtres français où il espérait trouver celui que je cherchais. A notre arrivée, je fus entouré de plusieurs prêtres qui pensaient avoir par moi des nouvelles de leur pays. J'appris que l'abbé Cherprennet était parti depuis quelques jours pour la Suisse. Comme je voyais qu'on allait servir à dîner, je demandai si je pouvais, en payant, m'asseoir à leur table, pensant que c'était une table d'hôte. On me dit que la table n'était point commune, que chacun se faisait servir suivant ses ressources, que je pouvais demander ce que je voudrais, qu'on me le servirait. Je priai alors mon guide et deux de mes interlocuteurs de vouloir bien accepter de dîner avec moi. — « Je suis, leur dis-je, un ancien serviteur de l'Eglise, les prêtres ont nourri mon enfance, et je serais heureux de rendre à quelques-uns d'eux les bienfaits que j'en ai reçus. » Ils acceptèrent très volontiers ; car la plupart de ceux qui fréquentaient cette pension faisaient pauvre chère, faute de ressources. Je fis servir un bon dîner maigre, car c'était un vendredi, et la conversation s'engagea. Naturellement il ne fut question que des malheurs de la révolution et de la persécution de l'Eglise. Je ne pouvais pas en dire grand'chose, car pendant toute la terreur j'avais été hors de France. Pendant notre conversation, je voyais que tous les prêtres qui entraient dans la salle venaient faire un grand salut à l'un de mes convives ; l'un d'eux eut à lui parler et le traita de monseigneur. J'appris de cette manière que je traitais un évêque, et je crus devoir m'excuser de la familiarité de mes manières avec lui. Mais il n'accepta pas mes excuses et me dit qu'il était au contraire très touché de mes bons procédés envers de pauvres prêtres qui probablement n'auraient jamais occasion de me rendre la politesse que je leur faisais. — « On nous fait espérer, continua-t-il, que d'ici quelque temps la religion catholique sera rétablie en France, et que nous pourrons rentrer dans notre pays, alors si le hasard voulait que nous nous rencontrions, soyez assuré que ce serait un grand bonheur pour moi de vous recevoir à ma table, dans mon palais épiscopal. » Je le remerciai de ses bonnes paroles, et le dîner continua gaiement, arrosé de quelques bouteilles de vin de France. Ma bourse était bien garnie et je ne l'épargnai pas, aussi je laissai ces bons prêtres fort contents de moi, et moi enchanté de l'accueil que j'en avais reçu.

Au départ, monseigneur m'avait donné sa bénédiction. — « Vous allez être exposé à toutes les misères qu'entraîne à sa suite le fléau de la guerre, puisse la bénédiction d'un vieillard vous porter bonheur. » Ces paroles me revinrent en mémoire, lorsque, ayant rejoint mon régiment, j'appris qu'une nouvelle suspension d'armes de quarante-cinq jours venait d'être signée à Hohenlinden (20 septembre 1800). On nous renvoya dans nos cantonnements, et j'allai reprendre mon logement chez mon apothicaire, au grand déplaisir du mari, mais à la grande joie de la femme qui continua de m'accorder ses bonnes grâces.

*
* *

Au mois de novembre, nous rentrions en campagne. Par un froid très vif, on nous envoya bivouaquer dans les bois sur la route du Tyrol. Le 1er décembre, avant le jour, nous entendons gronder le canon sur notre gauche. Nous montons à cheval et nous restons jusqu'au grand jour attendant des ordres. Nous venions de mettre pied à terre, lorsqu'une ordonnance nous fit remettre en selle et nous dirigea au plus vite vers le lieu du combat. En une heure et demie nous fîmes quatre lieues. On nous plaça sur un mamelon pour arrêter l'ennemi qui avait surpris nos troupes et les avait forcées de battre en retraite. On laissa avancer un peu les Autrichiens, nous les chargea au moment où ils s'y attendaient le moins, attendu que nous étions cachés par un petit bouquet de bois. Comme il n'y avait que de l'infanterie, il leur fallut au plus vite se replier. Pendant ce temps notre infanterie se reforma et on continua toute la journée à tirailler.

Pendant le combat, le général Moreau vint visiter notre position ; il n'avait avec lui que deux aides de camp et un trompette. Pour mieux découvrir les positions de l'ennemi, il se plaça sur la plus haute éminence du mamelon que nous occupions d'où l'on découvrait toutes les péripéties du combat. Sa présence fut sans doute remarquée par l'ennemi ; car on tira à toute volée sur le point qu'il occupait.

Le trompette qui était près du général fut tué, mais celui-ci ne se dérangea pas et continua à écrire sur son chapeau appuyé sur sa selle.

Le soir, on nous envoya dans un grand village sur la grande route où il y avait bien dix mille hommes de cavalerie. Après avoir pris notre position au bivouac, nous pénétrons dans le village pour tâcher de trouver du fourrage. Nous entrons dans la première maison, et nous prenons le chemin du grenier, lorsque nous sommes arrêtés par un dragon qui faisait bouillir la marmite pour son escouade. Il laisse sa cuisine pour défendre son fourrage, mais pendant qu'il était au grenier avec nous, un de nos camarades s'empare de la marmite, l'emporte au bivouac sans être aperçu des dragons et la cache sous quelques bottes de paille. Qui fut penaud ce fut notre dragon qui n'avait pu défendre son fourrage et qui se voyait enlever sa marmite. Elle était fort bien garnie. Toute la basse-cour de la maison y avait passé : quatre poules, une oie, force lard. Aussi nous fûmes bien joyeux, lorsque notre camarade nous fit part de sa capture. Mais il nous fallut user de prudence : les dragons bivouaquaient à côté de nous, et ils étaient en quête de leur marmite. Nous allions, chacun à notre tour, tirer un morceau de la marmite, en passant notre bras à travers la paille. Nous fîmes ainsi un bon dîner aux dépens des dragons qui mangeaient leur pain sec.

**

Le lendemain nous changions de position et toute l'armée se mettait en marche. On nous posta dans un bois à une lieue de là, avec ordre de n'en pas bouger. Il fallut alors, pour la nourriture de nos chevaux, recourir au fourrage ficelé, et aux rations d'avoine que nous portions avec nous depuis que nous étions en cantonnements. Sur le tantôt, la neige tomba en grande abondance et ne cessa pas jusqu'à la nuit, et il nous fallut la recevoir sur le dos sans pouvoir faire de feu, afin de ne pas déceler notre présence. Du point culminant où nous nous trouvions, nous apercevions mille et mille feux de bivouacs, qui, au milieu de la neige, nous présentaient un coup-d'œil admirable. C'était l'armée autrichienne et l'armée française qui, dans une circonférence d'une lieue, étaient massées l'une devant l'autre prêtes à s'entre-choquer dans les défilés de Hohenlinden.

Une heure avant jour nous étions à cheval, et c'était bien le cas de dire : à cheval cavalier, la selle mouille. La neige tombait toujours, et il nous fallut rester là une heure à grelotter, n'ayant pour nous réchauffer que le peu d'eau-de-vie qui restait dans nos gourdes.

**

Au point du jour, il nous arrive un général qui donne ses ordres à notre colonel, et au même instant nous entendons de toutes parts la fusillade et la canonnade. Notre régiment fut envoyé pour soutenir l'attaque d'un de nos régiments d'infanterie qui était aux prises avec deux bataillons hongrois. Ceux-ci lâchèrent pied, laissant entre nos mains une cinquantaine de prisonniers. Ces prisonniers furent les bienvenus, car ils nous tirèrent pour un moment du champ de bataille où nous autres musiciens n'avions que faire. On nous ordonna de les conduire au quartier-général. Notre mission remplie, nous nous mîmes en quête d'une auberge pour déjeuner et nous chauffer, en attendant le résultat de la bataille. Nous étions encore à table, quand nous vîmes passer le général Moreau et tout son état-major, suivi de la légion polonaise nouvellement formée.

Ce fut, dit-on, cette légion qui décida du sort de la bataille, en s'emparant d'une batterie qui commandait le passage du défilé. Comme beaucoup de Polonais servaient dans l'armée autrichienne, mais contraints et forcés, la légion polonaise avait à sa suite des fourgons chargés d'uniformes et les prisonniers ou les déserteurs polonais qui voulaient s'engager étaient immédiatement habillés, incorporés dans la légion et menés de suite au combat contre ceux avec lesquels ils avaient combattu le matin. C'étaient de bons soldats, mais de grands pillards. On me montra deux frères qui servaient l'un dans la légion, l'autre dans l'armée autrichienne et que les hasards du combat avaient mis aux prises. Ils étaient prêts à se sabrer, lorsqu'ils se reconnurent. Ils s'embrassent. — « Veux-tu servir la France, dit l'un. — Je ne demande pas mieux, dit l'autre. » On se rend au fourgon des bagages, l'échange d'uniforme est bientôt fait. Il enfourche un cheval dont le cavalier venait d'être tué et les deux frères rejoignant leur escadron se mettent à charger l'un à côté de l'autre. Ils se distinguèrent si bien dans cette journée que tous deux furent faits brigadiers sur le champ de bataille.

Pendant ce temps, notre régiment, que nous avions essayé de rejoindre, prenait une part active à l'action sous les ordres directs du général de division Richepanse. Bloqué dans un petit bois, pendant deux heures, il parvint à faire une trouée parmi les ennemis et à rejoindre la division Grenier. Dans cette journée notre régiment se couvrit de gloire. Par une charge vaillamment conduite, il amena la déroute de toute l'aile gauche des Autrichiens et contribua ainsi puissamment au gain de la bataille de Hohenlinden, une des plus grandes batailles auxquelles j'aie assisté et qui eut lieu le 3 décembre 1800.

Les Autrichiens en fuite laissèrent entre nos mains quinze mille prisonniers, tout leur parc d'artillerie, quatre-vingts pièces de canons et trois cents caissons et voitures. Le lendemain assez tard nous pûmes rejoindre notre régiment qui avait été lancé à la poursuite de l'ennemi. Les routes étaient encombrées de voitures dont une grande partie étaient renversées pour laisser passage à l'artillerie. On ramassait beaucoup de prisonniers et de déserteurs, que l'on ne se donnait plus la peine de conduire. On se contentait de leur indiquer la route qui devait les mener au quartier-général.

*
**

Nous étions constamment sur les talons de l'ennemi qui ne s'arrêtait que lorsqu'il pouvait mettre, entre nous et lui, une rivière. Il en défendait alors le passage, pour laisser le temps d'évacuer ses bagages; mais, il avait beau faire, il nous en restait toujours une bonne quantité dans les mains. Il fut même obligé de nous abandonner ses magasins de réserve en fourrages, pains, farine, etc. Mais le tout était de si mauvaise qualité qu'on fut obligé de presque tout détruire.

Nous étions toujours d'avant-garde et en avance de deux jours de marche sur notre armée qui suivait la route de Vienne. Arrivés à la hauteur de Krems-Munster, nous trouvâmes l'ennemi en force et il nous fallut attendre notre artillerie pour le déloger de ses positions. Ce fut bientôt fait et la poursuite allait recommencer, lorsqu'un trompette autrichien, avec un parlementaire, se présenta à nos avant-postes. Dès que notre général en fut informé, il fit cesser le feu. Le parlementaire, qui venait traiter d'une suspension d'armes, fut conduit au général en chef qui était à plus de trois lieues en arrière.

A trois heures de l'après-midi, nous recevions l'ordre de prendre nos cantonnements et notre division fut dispersée dans tous les environs. Le général, l'état-major et notre musique furent logés dans le fameux couvent de Krems-Munster. Le soir, on fit de la musique, puis on nous servit un bon souper à la table que les généraux venaient de quitter. Le vin ne manquait pas. Le dépensier du couvent avait reçu l'ordre de nous en donner à discrétion. Il y avait longtemps que nous nous étions trouvés à pareille fête. Nous fîmes asseoir à notre table les frères servants qui étaient en même temps les musiciens du couvent. Nous les fîmes si bien boire qu'ils étaient presque tous ivres, quand il fallut aller se coucher.

*
**

Notre régiment ayant reçu l'ordre d'aller prendre ses cantonnements en Styrie, nous nous dirigeâmes d'abord sur la capitale. Une colonne d'Autrichiens nous précédait sur la même route et elle était si fatiguée que nous ne pouvions aller qu'à petites journées. En arrivant à Gratz, nous trouvons la dite colonne en travers de notre chemin, les soldats couchés par terre. On leur donna deux heures pour mettre la ville entre eux et nous, et comme ils ne bougeaient pas, étant sans ordres, on les déclara prisonniers de guerre. Ordre ayant été donné aux fourriers d'aller faire le logement en ville, comme c'était mon tour d'en remplir les fonctions, pour la musique, nous traversâmes la colonne autrichienne qui était à peu près de 3.000 hommes d'infanterie. A la municipalité de la ville, nous trouvâmes les chefs de la colonne qui se faisaient distribuer des billets de logement pour eux et leur troupe. Mais quand ils apprirent que leurs soldats étaient prisonniers et que le même sort leur était réservé, ils s'empressèrent de décamper, laissant entre nos mains leurs billets de logement.

*
* *

Notre régiment étant arrivé sur la place, on fit la distribution des billets. Les habitants nous firent bon accueil. Nous étions quatre musiciens logés dans une riche brasserie, ce qui n'empêcha pas de nous servir de bon vin à nos repas. Il y avait dans la maison quatre demoiselles, toutes plus belles les unes que les autres, portant le costume styrien qui a beaucoup de rapport avec celui de la Suisse, hors le petit bonnet qui forme comme le nid d'hirondelle et qui ne leur cache que le haut de la tête. Ces bonnets sont ornés de bijoux d'or ou d'argent et coûtent quelquefois jusqu'à vingt louis. Ces bonnets allaient parfaitement à nos jolies hôtesses, ainsi que tout leur costume qui est fort joli : la jupe courte, un bas bien tiré, un soulier très découvert, une jambe faite au tour, un corset qui leur fait une taille admirable et relève une gorge bien garnie, voilà certes de quoi réveiller un hussard à l'agonie. Aussi étions-nous très empressés auprès de nos hôtesses qui étaient pour nous aussi aimables que possible. Après souper on proposa de valser, ce qui fut accepté. L'un de nous qui n'était pas valseur se chargea de la musique, et nous voilà partis. Jamais de ma vie, je n'ai valsé avec plus de plaisir et avec de meilleures valseuses. A minuit nous dansions encore, lorsque la mère vint nous dire qu'il était l'heure de se séparer. Cependant, sur notre demande, elle consentit à laisser ses filles danser une styrienne. C'était une danse que nous ne connaissions pas. Aussi il fallut céder nos danseuses à des jeunes gens du pays. Jamais nous n'avions vu danser avec tant de grâce et d'entrain. C'était un spectacle vraiment admirable de voir ces belles jeunes filles se livrer avec un bonheur extrême au plaisir de leur danse nationale. Le lendemain matin nous disions adieu à nos hôtes qui nous avaient comblés d'amitiés. Ils ne connaissaient pas encore les Français, ils ne s'attendaient pas à les garder trois mois dans le pays ; ils ne se doutaient pas que cette occupation devait les ruiner.

On nous fit prendre nos cantonnements tout à fait dans la montagne, à Ischel, un gros bourg qui tenait une lieue de long et dont presque tous les habitants étaient des fabricants d'ustensiles en fer, casseroles, gamelles, pelles, outils d'agriculture, etc. Un tout petit ruisseau faisait tourner dans toute l'étendue du bourg plus de trois cents roues. Aussi du matin au soir c'était un joli vacarme. Nous étions nourris chez l'habitant et fort bien traités en commençant. Le pays n'avait pas encore éprouvé le fléau de la guerre, mais les contributions, les réquisitions de toute espèce amenèrent bientôt la ruine de beaucoup de familles. J'étais logé chez un assez riche fabricant qui au bout d'un mois me disait : — « Si vous restez encore un mois nous sommes tous ruinés. » Et nous ne sommes partis qu'au bout de trois mois.

*
* *

Pendant notre séjour dans ce village, je fis une vaillantise dont je me ressentis longtemps. Non loin de là se trouvait la montagne la plus élevée du pays dont le sommet était couronné d'un seul arbre. Un de mes camarades et moi nous pariâmes d'aller graver notre nom sur cet arbre. Le pari n'était pas considérable : quatre bouteilles de vin ; mais nous ne croyions pas trouver d'aussi grandes difficultés. Il faisait un temps superbe, quoique très froid, avec un beau soleil. Pour atteindre le pied de la montagne, il nous fallut bien une demi-heure. Nous commençâmes à monter par une partie très boisée et ça alla bien tant que nous pûmes nous aider des arbres. Mais à moitié côte il n'y avait plus que de chétifs arbrisseaux que nous craignions d'arracher en nous y accrochant. Cependant nous ne pouvions plus reculer : nous aurions eu plus de difficultés pour redescendre que nous en avions eu pour monter. Après avoir repris haleine, et déjà tout en nage, nous continuâmes notre ascension. Bientôt les broussailles même disparurent. Il nous fallut escalader de grosses pierres accumulées les unes sur les autres et menaçant de s'écrouler sous nos pieds. Mais nous voyions de là le sommet dont nous n'étions plus qu'à une douzaine de toises ; cela nous donna courage et après bien des efforts, après avoir risqué vingt fois de nous casser le cou, nous arrivâmes enfin au sommet.

Nous fûmes récompensés de nos fatigues par le splendide spectacle qu'il nous fut donné de contempler. Nous apercevions d'un côté tout le cours du Danube, qui était cependant à près de vingt lieues de nous, et de l'autre les montagnes de la Styrie, s'étageant les unes au-dessus des autres à des hauteurs bien plus considérables que celle où nous nous trouvions. Il ne nous fut pas difficile de trouver l'arbre unique qui se trouvait sur le plateau. C'était un vénérable sycomore, vieux sans doute de plusieurs siècles, et à moitié pourri. Après avoir inscrit nos noms sur l'écorce, nous nous mîmes à tenir conseil sur les moyens d'effectuer notre descente.

Il ne fallait point songer à prendre le même chemin. Nous fîmes le tour du plateau pour chercher le passage le plus favorable ; mais les pentes les moins abruptes se dirigeaient toutes du côté opposé à notre cantonnement et étaient couvertes de neige. Ayant aperçu une petite ravine, dans la direction de notre village, nous résolûmes de l'atteindre, en traversant le banc de neige qui nous en séparait. Nous voilà en route. La neige était d'abord assez solide pour nous porter, mais bientôt nous y enfonçâmes jusqu'aux genoux. Il nous fallut alors, à chaque pas, tirer une jambe pour la porter plus avant. Tantôt nous trouvons le solide et nous faisons trois ou quatre pas, puis nous enfonçons de plus belle. Heureusement que l'action que nous nous donnions nous échauffait beaucoup, sans quoi nous aurions bien pu geler. Enfin, après un travail bien pénible de plus d'une heure, nous parvenons à la ravine par laquelle nous espérions opérer notre descente. Quelle ne fut pas notre déception, lorsque nous découvrîmes que ce prétendu chemin n'était qu'un glacier par où s'écoulaient les eaux des fontes de neige. Nous ne pouvions nous aventurer ni à droite ni à gauche, craignant de trouver quelque précipice caché sous la neige. Que nous restait-il à faire ? Mon camarade proposa de nous mettre sur notre derrière et de nous laisser glisser jusqu'au bas de la ravine, et, donnant l'exemple, il se lança courageusement et fut assez heureux pour arriver jusqu'en bas sans accident. Mais moi j'avais la tête moins solide, le vertige me prenait d'avance, et cependant comme il n'y avait pas d'autre parti à prendre, il fallut me décider. Me voilà lancé sur mon derrière, mais la tête me tourne aussitôt, je roule comme une boule, et j'arrive en bas la tête la première dans un état déplorable et ayant perdu connaissance. Mon camarade me crut mort. Il me fit revenir à moi en me frottant la figure avec de la neige. Il m'aida à m'asseoir et chercha à étancher le sang qui me couvrait la tête et la figure. Cependant, quelque faiblesse que je ressentisse, nous ne pouvions rester là. Il fallait nous remettre en route. Nous avions vu de la montagne une ferme qui devait se trouver à peu près en face de nous. C'est vers ce côté que nous nous dirigeâmes. Il nous fallait encore descendre un petit coteau sans chemin frayé ; mais comme il n'y avait pas beaucoup de neige, mon camarade me soutenant, nous pûmes rejoindre un sentier que les bestiaux prenaient pour aller paître dans la montagne, puis nous suivîmes un chemin qui nous mena droit à la ferme.

Nous y trouvâmes un maréchal des logis et un hussard qui y étaient logés. Nous racontâmes notre aventure. On ne voulait pas y croire, jamais de mémoire d'homme on n'avait entendu dire dans le pays que quelqu'un fût monté au sommet de la montagne. On nous prodigua tous les soins possibles ; on me bassina la figure et la tête et on me mit des compresses ; puis on nous servit à dîner. Nous n'avions rien pris depuis notre départ, le matin à neuf heures ; mais je ne pus manger et je ne demandais qu'à me coucher. On n'avait point de lit à nous offrir, et, comme nous n'étions qu'à une demi-lieue de notre village, le maréchal des logis fit seller deux chevaux et le hussard nous conduisit chez nous.

Tous nos camarades étaient fort inquiets, et nous les trouvâmes qui nous attendaient à mon logement, pour se faire raconter notre histoire. Je laissai ce soin à mon compagnon et je m'empressai d'aller me mettre au lit. Dès le lendemain matin ma chambre était envahie par une foule de visiteurs qui voulaient connaître par moi-même notre aventure. J'eus même dans l'après-midi la visite du colonel avec le grand bailli chez lequel il était logé. Après m'avoir tancé sur mon imprudence, il envoya chercher le chirurgien-major et me fit panser sous ses yeux. Les blessures n'étaient pas graves et au bout de huit jours il n'y paraissait plus. Mais la mémoire de notre ascension s'est conservée dans le pays et se répandit même au loin ; car elle fut racontée par le gazetier de Salzbourg, sur une de ses feuilles que l'on me fit lire.

**

Nous passâmes gaiement le carnaval dans notre village. Nous avions accaparé toutes les filles que nous faisions danser, au grand déplaisir du curé qui monta en chaire pour leur défendre de partager nos divertissements. Quelques-unes obéirent, mais le plus grand nombre nous restèrent. Aussi après notre départ le curé eut-il à baptiser beaucoup de petits Français. C'est tout ce que nous laissâmes dans le pays que nous avions ruiné par les réquisitions et les contributions.

VII

RETOUR EN FRANCE.

A l'arrière garde. — Nous traversons la Bavière et le Wurtemberg. — A Ludwigsbourg. — Nous repassons le Rhin à Manheim (mai 1801). — A Bonn. — On nous paye notre arriéré de solde. — Bombances avec les Allemandes. — En route pour Metz. — Histoire de la vache. — Conversation avec mon colonel. — Pourquoi je ne devins pas officier. — En garnison à Metz. — Les musiques de cavalerie sont supprimées. — Je reçois mon congé (8 décembre 1801). — En route pour Poitiers. — J'accueille un compagnon de route. — Je le nourris et le loge. — En récompense il me vole mes doubles louis. — Arrivée dans ma ville natale. — Chez mes parents. — Je passe l'hiver à Poitiers. — Ne trouvant pas d'occupation, je me rengage.

AU mois de mars nous reçûmes l'ordre de rentrer en France. Quel bonheur de revoir notre pays ! Mais nous étions encore loin de la frontière ! Tout d'abord nous fîmes trente lieues d'une seule traite. Puis on nous fit rétrograder jusqu'à Wels. Le bruit de la reprise des hostilités commençait à courir, lorsque nous apprîmes que nous attendions une colonne de nos prisonniers de guerre qui nous étaient rendus et que nous devions protéger, puisque nous formions l'arrière-garde. Au bout de trois jours la colonne, composée de trois mille hommes, arriva. Quelques hussards de notre régiment qui se trouvaient dans les prisonniers rentrèrent dans les rangs bien contents. On nous fit suivre la colonne à travers la Bavière, à un jour de distance, jusqu'à Augsbourg. Là on nous fit cantonner pendant huit jours dans les villages aux environs de la ville, pour laisser passer toute l'infanterie, puis à notre tour nous nous mîmes en route à travers le Wurtemberg.

En passant à Ludwigsbourg, résidence d'été du roi, je fus logé chez une française émigrée qui s'était mariée avec un des premiers écuyers du roi. Elle me fit causer de la France et me parla de la Révolution et de l'émigration. Je lui racontai alors que l'année précédente j'avais favorisé la rentrée en France d'un émigré et de sa femme. Elle me demanda leur nom, et comme je le lui dis, elle m'apprit que c'était elle qui leur avait donné les moyens de gagner la frontière, chose qu'elle avait faite pour beaucoup d'autres émigrés. Cette dame fut enchantée, lorsque je lui dis que son protégé avait eu le bonheur de trouver dans notre colonel un de ses anciens camarades de collège et qu'il lui avait procuré toute facilité pour rentrer en France. Après une pareille confidence, je n'ai pas besoin de dire si je fus bien traité dans la maison. Comme son mari était absent, mon hôtesse voulut me faire elle-même les honneurs du château royal qu'elle me fit visiter dans toutes ses dépendances, ainsi que le parc et la ménagerie qui était fort curieuse. Le soir on me fit dîner en compagnie de femmes charmantes qui parlaient toutes en très bon français. Je crois qu'on me choisit le meilleur lit de la maison, car j'étais couché comme un prince. A mon lever, je trouvai un bon petit déjeuner tout prêt et je partis comblé d'honnêtetés par mon hôtesse et moi me confondant en remerciements.

*
**

Quelques jours après nous traversions le Rhin à Manheim (mai 1801), faisant des vœux pour ne plus le repasser, vœux qui ne furent pas exaucés pour le malheur des Allemands et pour le nôtre. Notre régiment fut envoyé en garnison à Bonn sur le Rhin, jolie petite ville, résidence de l'ex-électeur de Cologne. Les habitants nous firent d'abord un assez mauvais accueil: ils ne pouvaient nous pardonner d'avoir chassé l'électeur et sa cour qui les faisaient vivre. Mon camarade et moi nous étions logés chez le boucher du ci-devant électeur qui nous reçut fort mal. Mais si nous étions mal vus des hommes, il n'en était pas de même des femmes, et s'il me fallait raconter toutes les aventures galantes qui charmèrent le temps de notre garnison à Bonn, j'en aurais long à dire. Aussi ne faut-il pas trop s'étonner de la haine que nous portent les Allemands. Ils ne peuvent nous pardonner d'avoir pendant vingt ans caressé à leur barbe leurs femmes et leurs filles.

Pour comble de bonheur, on nous paya tout notre arriéré de solde et je me trouvai en possession d'une trentaine de louis. Je m'empressai de me nipper. J'achetai du linge et des habits bourgeois. Sous l'habit bourgeois j'étais plus libre, c'était moins compromettant pour les Allemandes qui voulaient bien m'accorder leurs faveurs. Pendant plusieurs mois, ce fut une bombance continuelle et pour ainsi dire sans bourse délier, ces dames faisant les frais de tous nos plaisirs. Aussi que de pleurs versés lorsqu'un ordre de départ vint interrompre nos aventures amoureuses. Je n'en fus pas trop fâché, car ma dernière liaison commençait à prendre un caractère trop sérieux. C'était une jolie boulangère, ayant un bon établissement, et il ne tenait qu'à moi d'entrer en possession de l'une et de l'autre, on m'y sollicitait. Pour consoler la belle, il fallut bien lui faire la promesse de revenir; mais je partis bien résolu à ne pas me mettre dans le pétrin. C'était à Metz que nous allions tenir garnison. Nous voilà donc en route pour la France, à ma grande joie, moi qui n'avais pas vu mon pays depuis sept ans.

*
**

Après quelques jours de marche, nous fûmes logés dans un village où je crus me souvenir d'avoir déjà passé. En arrivant à la maison que me désignait mon billet de logement, je reconnus en effet la chaumière où huit ans auparavant, comme je l'ai raconté, j'avais conduit une vache pour remplacer celle qui avait été prise. Comme il y avait déjà quelque temps que les habitants n'avaient logé de troupes, nous fûmes assez bien reçus, mon camarade et moi. On nous fit dîner à table avec toute la famille. Le repas fini, la conversation tomba sur les malheurs qu'ils avaient éprouvés pendant la guerre. — « Les Français nous ont bien fait du mal, nous dit le père, et nous les avons bien souvent maudits, à l'exception d'un brave homme à qui nous devons bien des obligations, mes petits enfants surtout, à qui il a certainement sauvé la vie. Les Français, en abandonnant notre pays, avaient reçu l'ordre d'emmener tout le bétail. Nous n'avions qu'une vache, qui était notre seule ressource pour élever nos enfants. Le brave Français qui logeait chez nous fit tout son possible pour nous la conserver ; mais, malgré ses efforts, on nous l'enleva, et il nous quitta plongés dans le désespoir. Quelles ne furent pas notre surprise et notre joie, lorsque nous le vimes revenir quelques instants après avec une vache qu'il conduisait par les cornes. — Tenez, mes braves gens, nous dit-il, voilà pour remplacer celle que l'on vous a prise. — Puis, sans nous laisser le temps de le remercier, il courut rejoindre son régiment. Nous pensons souvent à lui, et je raconte souvent à nos enfants l'histoire de la vache qui leur a conservé la vie, particulièrement à mon plus jeune qui n'avait que trois mois et que sa mère ne pouvait plus nourrir, son sein s'étant tari à la suite des émotions que lui avait causées l'invasion des Français. C'est en souvenir de notre sauveur que je vous fais aujourd'hui bon accueil, n'espérant jamais pouvoir lui témoigner à lui-même notre reconnaissance. »

Le récit du bonhomme m'avait émotionné et je sentais les larmes me monter aux yeux. Pour les dissimuler, je pris le plus jeune des enfants sur mes genoux et je l'embrassai de bien bon cœur. Mais cela ne fit qu'augmenter mon émotion et tout le monde s'aperçut de mes larmes. — « C'est lui, c'est lui, » s'écrie-t-on autour de moi, et c'est suffoqué par l'émotion que je puis leur dire : — « Oui, c'est moi, mes amis. » Ce fut alors une explosion de joie. Tout le monde vint m'embrasser. Je leur rappelai toutes les circonstances de l'événement. Chacun en raconta un épisode et comme mon récit et le leur concordaient parfaitement, ils furent bien convaincus qu'ils avaient devant eux celui qu'ils appelaient leur sauveur. Ces bonnes gens ne savaient comment me prouver leur joie et leur reconnaissance. Toute la famille se rassembla. On envoya chercher du vin de France, quoiqu'il fût fort cher, et l'on trinqua en me souhaitant toutes sortes de prospérités en récompense du service que je leur avais rendu.

Nous partions le lendemain matin de bonne heure ; mais à notre lever nous trouvâmes servi un bon déjeuner où assista encore toute la famille. Puis on vint nous faire la conduite. Après s'être embrassés, au moment de se quitter, le chef de la famille me présenta une petite bourse, en me disant : — « Vous nous feriez grand plaisir, si vous vouliez accepter ce faible gage de notre amitié et de notre reconnaissance. » Je le remerciai en lui disant que je n'avais pas besoin d'argent, et je lui montrai ma ceinture qui était assez bien garnie. — « Je suis assez payé, lui dis-je, par toutes les amitiés que vous m'avez témoignées et c'est moi qui devrais vous remercier pour avoir mis dans ma vie un souvenir qui ne s'effacera jamais. » La trompette sonne. On s'embrasse une dernière fois. Je monte à cheval et vais prendre mon rang.

*
* *

Mon histoire avait fait quelque bruit et était venue aux oreilles du colonel. A quelque distance du village, le colonel s'approche de la musique et demande : — « Quel est donc l'homme à la vache. » Tous mes camarades me désignent. — « Arrivez donc là me conter votre histoire. » Et me voilà à la tête du régiment, alignant mon cheval sur celui du colonel, et lui racontant l'événement dont j'avais été le héros. Après m'avoir félicité de ce qu'il voulut bien appeler ma bonne action, il me fit causer de mes campagnes. Il parut s'y intéresser vivement ; car, pendant toute l'étape, il me garda près de lui. Il n'avait point fait les premières campagnes de la Révolution. Il m'interrogea sur beaucoup de choses que j'avais vues et sur les généraux que j'avais connus, et il ne se lassait pas de m'entendre.

— « Comment se fait-il, me dit mon colonel, puisque vous avez le goût de l'état militaire, que vous restiez simple musicien. Il y a dans l'armée beaucoup d'officiers qui n'ont pas plus d'intelligence et d'instruction que vous et qui ont beaucoup moins de bons états de service. Dès demain, si vous le voulez, je vous nomme sous-officier dans un escadron, et, à la première campagne, je vous garantis l'épaulette. — Je vous remercie, mon colonel, la même proposition m'a été déjà souvent faite. Beaucoup de mes camarades sont devenus officiers. Bien peu ont eu à s'en féliciter. La plupart ont mordu la poussière sur les champs de bataille. Parmi ceux qui restent, il en est qui envient mon sort. Je suis presque indépendant. Si je ne me plais pas dans un régiment, je puis en changer. Quant à la solde, j'ai plus de reste qu'un officier. Je suis sujet à moins de dépense et ma paye est aussi forte. En temps de guerre, l'officier sans fortune vit aux dépens de l'ennemi et économise son traitement, souvent par force, car il n'est pas toujours payé ; mais en temps de paix, l'officier qui n'a que sa paye, ne peut être heureux. Il est astreint à trop de dépenses, surtout dans les hussards. Aussi s'il veut faire figure comme les autres, il fait des dettes, ou, s'il vit à l'écart, il passe pour un hibou. Je vous remercie bien, mon colonel, de vos bonnes intentions ; mais musicien je suis et musicien je resterai. — C'est votre affaire et soyez sûr que je ne vous en estime pas moins. » Sur ces paroles, le colonel me laissa pour se mettre à la tête du régiment qui arrivait à son gîte d'étape.

Quelques jours après nous arrivions à Metz, notre garnison, après avoir parcouru un pays dévasté par les premières guerres de la Révolution. On nous caserna au fort où logeaient aussi les officiers et même le colonel. On nous donna quatre chambres pour notre musique qui n'était pas nombreuse : nous n'étions que seize, quatre par chambre. Il nous fallait vivre maintenant à nos dépens. Heureux ceux qui avaient su se conserver quelques sous. Grâce au ciel, j'étais du nombre, mesdames les Allemandes m'ayant économisé bien des dépenses. Je trouvai établis à Metz plusieurs de mes anciens camarades, et grâce à eux je fis quelques bonnes connaissances dans la meilleure société. Il y avait si longtemps que j'avais séjourné en France que je trouvais tout extraordinaire d'entendre parler tout le monde français, et pour la première fois je m'apercevais que l'on n'est heureux que dans son pays. J'en étais sorti si jeune que je n'avais plus notion de la France. Les jours heureux et paisibles que je coulais à Metz réveillèrent mon patriotisme. Je songeais souvent à mes parents, à Poitiers, ma ville natale, que je n'avais pas vus depuis bientôt onze ans. Le désir de les revoir me hantait souvent. Un événement inattendu me mit à même de réaliser ce désir.

Par ordre du premier consul, toutes les musiques de cavalerie furent réformées. Comme c'étaient les officiers seuls qui payaient la musique et qu'en garnison ils avaient besoin de toute leur paye, notre licenciement fut accepté avec joie par la majeure partie du corps d'officiers, composé d'Allemands sans fortune. D'après notre engagement, on ne pouvait nous renvoyer qu'après trois mois ; mais, d'un commun accord, il fut convenu que nous partirions au bout d'un mois, c'est-à-dire au commencement de décembre. Le 8 décembre 1801, je reçus mon congé.

Me voilà donc en route pour Poitiers, avec une vingtaine de louis dans mon gousset. C'était une fortune pour un militaire, aussi j'en étais très fier, trop fier sans doute ; car j'en fus puni par un scélérat qui trouva le moyen de rabattre une partie de ma fierté. A trois journées de Troyes, je fis la rencontre, sur la route, d'un militaire qui rentrait en congé chez ses parents dans les environs de Troyes. Il me demanda la permission de faire route avec moi. Il m'avait l'air d'un jeune homme comme il faut. Il me conta ses malheurs ; il était sans le sou ; il avait trente lieues encore à faire pour arriver chez ses parents qui étaient fort à l'aise et qui me rembourseraient toutes les dépenses que je pourrais faire pour lui. Je me laissai toucher et je pourvus pendant deux jours à sa nourriture et à son coucher.

Nous n'étions plus qu'à trois lieues de Troyes, et nous nous étions arrêtés dans une auberge pour y passer la nuit. On nous donna une chambre à deux lits au rez-de-chaussée. M'étant laissé prendre aux belles paroles de mon compagnon, qui avait su par son bagou me donner confiance, je ne pris pas ma précaution habituelle de mettre, sous le traversin, mon pantalon d'écurie que je portais par dessus l'autre à cause du froid. Or le susdit pantalon contenait, cousus dans le gousset de montre, cinq doubles louis, qui mis l'un sur l'autre formaient une empreinte qui avait sans doute donné dans l'œil de mon compagnon. Heureusement que trouvant les draps malpropres, je me mis au lit sans laisser mon autre culotte qui contenait le reste de ma bourse. Au milieu de la nuit, j'entendis bien quelque bruit; mais, ayant appelé mon compagnon, qui ne me répondit pas, je crus qu'il sommeillait et je me rendormis. Au point du jour, je l'appelai de nouveau, et, comme je n'obtenais pas de réponse, je me levai et allant à son lit, je le trouvai vide. Un soupçon traverse alors mon esprit. Je cherche mon pantalon d'écurie que je trouve par terre. Je tâte la ceinture : les doubles louis n'y étaient plus. Je me mets à crier : Au voleur, et à mes cris tous les gens de l'auberge accourent dans ma chambre. Je leur raconte ce qui vient de m'arriver. Le maître de l'auberge me dit : — « Vous êtes cavalier, j'ai deux chevaux, nous allons monter tous deux à cheval, et, si votre compagnon se rend à Troyes, nous serons rendus avant lui aux portes de la ville. » Nous voilà donc à cheval, battant les routes jusqu'à Troyes à la recherche de notre scélérat. Mais nous n'en pûmes découvrir aucune trace et l'aubergiste me laissa aux portes de la ville fort marri de mon aventure et me promettant bien de choisir dorénavant avec plus de soin mes compagnons de route.

*
**

J'arrivai chez mes parents le lendemain de Noël, après onze ans d'absence. Je n'avais pas annoncé mon arrivée, voulant leur faire une surprise, et j'avais adressé mon porte-manteau par la diligence bureau restant. J'avais fait le projet de me présenter comme leur apportant des nouvelles de leur fils et j'espérais que, grâce à mes longues moustaches et à ma barbe, je ne serais pas de suite reconnu. J'arrive à la maison paternelle, je frappe à la porte. C'est mon père lui-même qui vient m'ouvrir. Oubliant la petite comédie que je voulais jouer, je lui saute au cou et toute la famille est bientôt dans mes bras. Je n'avais pas eu besoin de me nommer pour être reconnu de tout le monde, malgré mes moustaches. On m'attendait : une lettre qui m'avait été adressée au régiment, après mon départ, leur étant revenue.

Pendant quelques jours, je fus tout à la joie de me trouver au pays natal. Puis il fallut songer à gagner sa vie, mon père n'étant pas assez riche pour me garder à rien faire. Tant que dura l'hiver, avec les bals, les spectacles, je gagnai assez pour n'être à charge à personne. Mais je m'aperçus bientôt de la vérité du proverbe : Nul n'est prophète en son pays, et, n'ayant pu parvenir à me faire une position, je résolus de reprendre du service. Au printemps, je me mis en route pour la Rochelle, où douze ans auparavant j'étais allé déjà, pour me faire soldat, à l'insu de mes parents. Cette fois c'était avec bien des regrets que j'abandonnais mon pays natal, et ce fut en versant bien des larmes que je laissai ma famille ; mais il le fallait !

FIN DE LA PREMIÈRE PARTIE.

DEUXIÈME PARTIE

1802 — 1810

VIII

A LA ROCHELLE, ROCHEFORT, L'ILE DE RÉ.

Je m'engage, à la Rochelle, dans la 90e demi-brigade (21 mai 1802). — Je fais connaissance d'une jeune fille que je demande en mariage. — Notre union est retardée par mon départ pour Rochefort. — Je suis pris des fièvres. — Ma prétendue vient me soigner. — Mon mariage (5 août 1802). — A l'ambulance de Saintes. — De retour à Rochefort, je suis repris par les fièvres. — En route pour l'île de Ré. — A Saint-Martin. — Notre demi-brigade est amalgamée avec la 93e pour former le 93e régiment de ligne. — Musique en mer, en rade de la Pallice. — Mes parents à la Rochelle et à l'île de Ré. — En garnison à la Rochelle et à Rochefort.

AR une belle journée du mois de mai (1802), j'arrivais à la Rochelle où j'allais recommencer ma carrière militaire. Lorsque j'avais quitté les hussards, j'avais reçu des propositions de différents régiments qui m'offraient une place dans la musique, entre autres du 90e en garnison dans cette ville. Lorsque je me décidai à me rengager, c'est à ce régiment que j'écrivis, et c'est après avoir reçu l'avis que mes propositions étaient acceptées que je m'étais mis en route. Je fus parfaitement accueilli. On m'accorda sans difficulté les appointements que je demandais et cela sans me mettre à l'essai, mon nom étant suffisamment connu dans l'armée. Le 21 mai 1802, je signais mon engagement, et je faisais dorénavant partie de la 90e demi-brigade, comme musicien d'état-major.

J'étais logé rue du Chariot-d'Or, chez une femme que j'avais connue dans mon pays. Elle était veuve et avait trois filles. Comme je prenais ma pension chez elle, l'intimité devint très grande, et il n'y avait pas de fêtes et d'assemblées où l'on ne me vît entouré de trois ou quatre demoiselles. Je ne tardai pas à m'apercevoir que la maman aurait voulu me marier à l'une de ses filles; mais les grandes prévenances que l'on me faisait me mettaient en défiance sur leur vertu. Et puis mon cœur n'était plus libre. En face de ma fenêtre, de l'autre côté de la rue, je voyais du matin au soir une petite voisine qui, sans chercher à me plaire, avait su captiver mon cœur. Elle venait quelquefois à la maison et se joignait à nous dans nos promenades; mais quand on s'aperçut que je lui faisais la cour, on lui battit froid ; toutes relations cessèrent, et l'on me signifia de chercher un autre logement. Comment faire pour continuer de voir ma petite voisine ? Elle habitait chez un oncle qui était teinturier. Je m'imaginai de faire connaissance avec le bonhomme et j'y réussis. Il aimait beaucoup à faire sa petite partie de piquet tous les soirs, mais il n'aimait pas à perdre. Sa nièce m'en avertit et je le laissai gagner. Du reste cela ne m'était pas difficile de mal jouer, car je m'occupais bien plus de la nièce que de mon jeu. Au bout de quelques jours, l'oncle s'en aperçut. Il fallut s'expliquer. Je lui avouai franchement mes intentions. Je lui dis que j'aimais beaucoup sa nièce et que je serais fort heureux, s'il voulait favoriser notre mariage. — « Je n'y vois aucun inconvénient, me dit le bonhomme, si ma nièce y consent. » Elle était là et il ne fallut pas beaucoup la prier pour donner son consentement : nous nous entendions déjà depuis longtemps. A partir de ce jour, je fus reçu dans la maison comme un fiancé.

Mais cela ne dura pas longtemps. Le bonhomme tomba malade et huit jours après il passait dans l'autre monde. Pour comble de malheur, le régiment reçut l'ordre d'aller tenir garnison à Rochefort. Il me fallut donc laisser ma fiancée bien désolée, et mes promesses de la venir voir souvent ne la consolaient pas. Comme il n'y avait que sept lieues de distance de Rochefort à la Rochelle, toutes les semaines au moins, j'obtenais une permission de vingt-quatre heures. Je partais le soir de Rochefort, j'arrivais à la pointe du jour à la Rochelle, et je repartais le lendemain.

Ce manège ne pouvait durer longtemps. Il fallait, par le mariage, mettre fin à ces allées et venues. Mais pour me marier il me fallait la permission de mon colonel. J'allai le trouver et lui fis part de mes intentions. Il me fit toutes les observations que l'on peut faire dans ces cas-là ; mais il finit par me dire que, comme je n'appartenais au régiment que par un engagement, que je n'étais pas soldat, j'étais libre de me marier si bon me semblait et qu'il me donnerait toutes les permissions nécessaires. J'écrivis chez moi pour demander mes papiers, et annoncer mon mariage. Au bout de quelques jours, je reçus la réponse. On me marquait que l'on aurait bien désiré me voir marier plutôt dans mon pays ; mais que j'étais maître de mes actions, puisque j'avais vingt-sept ans.

Dès le lendemain, j'étais à la Rochelle et j'allais demander au père de ma fiancée son consentement pour nous marier. C'était un marin-pêcheur nommé René Decosse, veuf de Marie-Anne Chaumet. Ma future se nommait Lucile. Je fus fort bien reçu et ma demande parfaitement accueillie. Immédiatement j'allai porter mes papiers à la maison de ville, pour me faire afficher, et, après avoir donné les promesses d'usage à ma prétendue, je repartis pour Rochefort.

Nous étions alors au moment de la canicule, si fatale à tous les habitants de Rochefort, qui ne sont pas acclimatés. Dès le lendemain de mon retour, je payais mon tribut à la fièvre. J'eus un accès qui me laissa quarante-huit heures sans connaissance. Pendant douze jours, je ne pus sortir du lit. Ce qui empirait encore ma maladie, c'est l'ennui que j'avais de voir mon mariage reculé et ma pauvre fiancée éloignée de moi. Nous étions six musiciens logés en garni dans la même maison, il n'y en avait qu'un debout, tous avaient la fièvre. La servante elle-même fut obligée de se mettre au lit, et je restai sans soins d'aucune sorte, restant quelquefois une demi-journée sans voir personne.

Désespérant de guérir dans ces conditions, je résolus de demander à ma prétendue de venir auprès de moi pour me soigner. Ma bourgeoise ayant affaire à la Rochelle, se chargea de la commission. Il y eut bien quelque résistance ; mais nous étions si près d'être unis, qu'on finit par consentir, et ma bonne petite Lucile vint s'installer près de moi comme garde-malade.

La joie que j'en ressentis, loin de me guérir, redoubla la fièvre, de sorte que le lendemain je me trouvai beaucoup plus mal que la veille. Mais à force de soins et de remèdes, j'entrai enfin en convalescence et je pus me lever. J'avais cependant toujours la fièvre, pas bien forte, mais assez pour m'empêcher de me mettre en voyage. Il fallait pourtant me marier ; car le départ de ma fiancée avait dû faire jaser et il importait de ne pas laisser courir les mauvais propos. Je priai M. Cochet, chirurgien-major, qui devait se marier en même temps que moi à la Rochelle, de me couper ma fièvre. Il y réussit et quatre jours après nous partîmes pour la Rochelle, accompagnés de notre maîtresse de maison qui nous conduisit dans son cabriolet. Nous arrivâmes le jeudi, la noce se fit le vendredi (15 thermidor an XII — 5 août 1802) et nous repartîmes le samedi.

Je me sentais assez bien, le voyage ne m'avait pas fait de mal. Mais l'air fatal de Rochefort ne tarda pas à influer de nouveau sur mon tempérament. La fièvre me reprit de plus belle et le chirurgien déclara qu'il n'y avait pas d'autre moyen d'obtenir ma guérison que de changer d'air. Je me décidai alors à aller passer quelque temps à l'ambulance à Saintes. J'y fus très bien soigné. Ordre avait été donné de me traiter comme un officier. Au bout de huit jours, la fièvre m'avait quitté et je me crus assez fort pour retourner à Rochefort. J'y trouvai ma femme, bien ennuyée de mon absence, et bien joyeuse de me revoir. Je n'étais pas encore bien solide, quand l'officier de musique vint me demander si je pouvais faire musique pour la fête de l'Assomption. Il me priait de si bonne grâce que je n'osai pas le refuser, car on ne pouvait faire de l'harmonie sans moi. Je me rendis donc à la répétition, mais je n'y restai pas longtemps. J'en revins avec une fièvre de cheval, et, pendant vingt-quatre heures, je restai dans le délire. Les bons soins de mon épouse me tirèrent encore de là, et je revins une nouvelle fois en convalescence. Je n'avais plus de fièvre ; mais les forces ne revenaient pas, et je ne sais si je serais parvenu à me rétablir, si nous n'avions reçu l'ordre de partir pour la Rochelle et de là pour l'île de Ré. Le passage sur la mer me valut la meilleure médecine du monde. Je rendis tout ce que j'avais dans le corps. Je fis de grands efforts, ce qui me fatigua beaucoup ; mais je crois que cela n'a pas nui à mon rétablissement.

*
**

Nous trouvâmes à Saint-Martin, notre nouvelle garnison, la 93e demi-brigade avec laquelle nous devions amalgamer, pour former le 93e régiment de ligne. J'eus le bonheur de faire connaissance de l'officier chargé du casernement qui me donna une chambre au pavillon de la citadelle. Cela m'épargna un loyer en ville, loyer qui était à cette époque-là fort cher. Au bout de quelques jours, on nous signifia que, pour former des deux musiques une seule, il y aurait un concours entre les musiciens et que ceux qui l'auraient emporté seuls seraient conservés. J'eus la chance de trouver des concurrents moins forts que moi et je fus admis définitivement à faire partie du 93e. Ce fut mon dernier régiment, celui dans lequel je terminai ma carrière militaire. Nous restâmes deux ans à l'île de Ré, fort heureux, car nous n'avions presque rien à faire. Nous ne faisions guère de musique que pour nous amuser. La plus grande partie de notre régiment avait été embarqué et faisait partie de l'expédition de Saint-Domingue. Il ne restait guère à l'île de Ré que l'état-major et le dépôt.

On formait alors des divisions de péniches et de bateaux plats qui devaient se rendre à Boulogne, où la grande armée tenait le camp, en attendant son embarquement pour l'Angleterre. Une de ces divisions, qui était assez considérable, vint mouiller dans la rade de la Pallice, en attendant des vents favorables et le départ d'une escadre anglaise qui surveillait ses mouvements. Notre colonel ayant été invité à une fête que donnait le commandant de la division, ordre fut donné à la musique de s'embarquer. C'était pour moi une mauvaise nouvelle, car je ne pouvais souffrir la mer. Au départ, le temps était beau et les flots tranquilles. On nous fit monter dans un grand canot à douze rames ; mais nous n'avions pas fait une demi-lieue que le vent s'éleva et la mer devint forte. J'étais déjà à moitié malade, lorsque je montai à bord de la chaloupe canonnière où nous devions faire musique. Etant descendu dans la chambre pour prendre quelque chose, la tête me tourna et je n'eus que le temps de monter sur le pont pour compter mes chemises. Sur douze musiciens, nous étions quatre bien malades. Ordre nous ayant été donné de faire musique, il fallut en essayer. Mais à peine avions-nous commencé qu'il vint une bourrasque et l'on fut bien forcé de nous permettre de remettre nos instruments dans leur sac. On nous servit une collation, mais je n'y fis point de tort. J'aurais aimé mieux m'en aller retrouver le plancher des vaches. On attendait un peu de calme, pour nous renvoyer; mais comme il ne venait pas, on nous fit descendre dans une embarcation où l'on mit deux marins à chaque rame et nous voilà en route pour Saint-Martin, par un vent de tous les diables et une mer très agitée. Je n'étais pas très rassuré, moi qui ne savais pas nager. Nous arrivâmes cependant sans encombre au port, mais moi bien fatigué et bien dégoûté des voyages sur mer. Aussi, pendant mon séjour dans l'île, l'on ne put me décider à accepter une seule partie de plaisir en mer.

***

A quelque temps de là, je fus cependant forcé de m'embarquer pour aller à la Rochelle. Un de mes grands oncles, un oncle de ma mère nommé Belanger, venait de mourir laissant une petite succession. J'écrivis à mes frères et sœurs pour avoir leur procuration ; mais, au lieu de me l'envoyer, ils vinrent eux-mêmes, mon père, mon frère Pierre et ma sœur Radégonde. Les affaires de la succession terminées, je les décidai à venir à l'île de Ré pour voir ma femme qu'ils ne connaissaient pas. Ils n'avaient jamais été sur mer, aussi furent-ils fort malades. Mon père descendit à fond de cale et l'on ne put l'en tirer pendant toute la traversée. Arrivés au port, on eut de la peine à le décider à monter sur le pont. Lorsqu'il mit la tête hors de la cale et qu'il aperçut la ville, il fut fort étonné de voir des maisons bâties comme chez lui. Il s'était imaginé que venant dans une île, il allait y trouver seulement des cabanes et les productions des îles lointaines. Aussi dans toutes les promenades que nous fîmes dans l'île, nous l'entendions toujours répéter : — « Mais c'est comme chez nous ! » Il n'y avait que la mer qui n'était pas comme chez lui. Il tremblait d'avance à l'idée de se rembarquer. Au bout de huit jours, il fallut cependant s'y résigner. Le passage s'effectua du reste sans autre accident que celui de rendre ses comptes. Quelques jours après on m'écrivit, qu'en débarquant à la Rochelle, mon père avait fait une croix sur la tour Saint-Nicolas, se promettant bien de ne plus jamais repasser la mer. J'ai appris depuis que si je n'étais pas parti de l'île de Ré, mon père, oubliant ses promesses, avait fait le projet de revenir chercher, à la mer Sauvage, une nouvelle provision de coquillages.

Pendant notre séjour à Saint-Martin, ma femme accoucha d'un garçon auquel nous donnâmes les noms de Claude-Georges et qui mourut deux jours après, le 6 vendémiaire an XIII (28 septembre 1804). L'année suivante, elle mit au monde une petite fille qui devait aller mourir en Italie à l'âge de onze mois. Au commencement de l'hiver, on nous envoya en garnison à la Rochelle où nous restâmes trois mois. C'était le temps des bals, aussi j'y gagnai beaucoup d'argent. Il fallut laisser cette ville pour Rochefort, cette maudite garnison où j'avais tant souffert. Heureusement qu'on ne nous y laissa pas moisir. A peine eûmes-nous reçu une partie de notre régiment qui venait de débarquer, arrivant de Saint-Domingue, qu'on forma les bataillons de guerre, et que nous reçûmes l'ordre de partir pour Turin, capitale du Piémont.

IX

EN ITALIE.

Départ pour Turin. — Le passage du Mont-Cenis. — Le couvent. — Le versant italien. — A Suze (1er mai 1806). — A Turin. — Voyage par bateau de Turin à Alexandrie. — A Alexandrie. — Ma petite fille meurt de la petite vérole. — La citadelle d'Alexandrie. — Marengo. — Le brigand Malino. — Départ d'Alexandrie (20 novembre 1806). — Le tombeau du général Desaix. — Nous nous dirigeons sur Vérone par Plaisance, Crémone et Mantoue. — Le carnaval de Vérone. — Une *folie*. — Ma femme vient me rejoindre. — Nous recevons l'ordre de partir pour Augsbourg.

'ÉTAIT une fameuse trotte d'aller d'une seule traite de Rochefort à Turin. Comme ma femme devait me suivre, avec notre petite fille, il fallut me préoccuper des moyens de transport. Un de mes camarades musicien était marié; nous nous associâmes tous deux pour acheter un cheval et un cabriolet. Cela nous coûta en tout cinq cents francs. Notre voyage à travers la France, par Angoulême, Limoges, Clermont, Lyon et Chambéry, se passa sans accident. Arrivés à Lans-le-Bourg, au pied du mont Cenis, il fallut entrer en arrangements avec le commissaire des guerres chargé des transports, pour ma voiture et mes bagages. Je fus obligé de prendre trois mulets pour aider mon cheval à faire franchir la montagne à ma voiture. Cela me coûta vingt-sept francs. Ne voulant pas laisser ma femme et mon enfant dans la voiture, je louai un traîneau avec un mulet où je les installai le mieux que je pus. Nous voilà à gravir bien doucement la route du mont Cenis nouvellement restaurée. A moitié chemin, nous eûmes de la neige, puis un soleil qui nous brûlait la figure. Arrivés sur le plateau, nous nous dirigeâmes vers le couvent où des religieux donnent l'hospitalité à tous les voyageurs. Pendant neuf mois de l'année, ils ne voient autour d'eux que de la neige. Des provisions avaient été envoyées d'avance au couvent, avec ordre de distribuer à chaque homme une chopine de vin et un morceau de pain. Je fis boire le conducteur du traîneau et nous nous remîmes en route jusqu'à la Croix-Blanche, où les traîneaux s'arrêtent. Nous entrâmes dans une auberge où l'on nous servit un bon dîner. Pendant ce temps notre voiture arriva et

après avoir laissé reposer notre cheval pendant deux heures, nous nous mîmes en devoir de descendre le versant du mont Cenis qui regarde l'Italie.

Quelle différence avec la route que nous venions de parcourir ! Quel spectacle enchanteur ! Il semblait que nous allions entrer dans une sorte de paradis terrestre. Un air pur, une chaleur tempérée, des arbres magnifiques, les uns en fleurs, les autres commençant à porter des fruits, une plaine immense couverte de récoltes de toutes sortes, dans le lointain la ville de Turin, entourée de palais et de châteaux magnifiques, plus loin encore la vallée du Pô, avec toutes ses splendeurs, non jamais je n'ai rien vu de si beau ! Nous descendions tout doucement, sur cette belle route, bornée d'un côté par une montagne inaccessible, et de l'autre par un précipice que je ne pouvais regarder sans vertige. Dans les descentes un peu trop rapides, nous nous mettions deux de chaque côté du cheval pour le retenir, et, grâce à ces précautions, nous arrivâmes sans encombre à Suze.

*
* *

Nous étions au 1er mai (1806). Je me rappelle cette date, parce que c'était le jour de ma fête, la saint Philippe, et que nous célébrâmes en même temps ma fête et notre heureuse entrée en Italie. Le lendemain nous partions pour Avigliano et le surlendemain nous étions à Turin où nous entrâmes de suite au quartier, qui est près de la porte de mont Cenis. On me donna une petite chambre pour moi et pour ma femme où nous étions fort bien. De notre fenêtre nous voyions tomber la neige sur les montagnes, tandis que nous jouissions d'une température délicieuse.

Croyant rester longtemps en garnison à Turin, nous vendîmes cheval et voiture, le cheval le même prix que nous l'avions acheté, et en perdant cent francs sur la voiture. Ce n'était pas payer trop cher le voyage de Rochefort à Turin, pour deux femmes et trois enfants. Au bout de trois mois, il fallut partir pour Alexandrie. On nous fit faire le voyage par eau, sur le Pô, dans des barques fort mal aménagées où nous étions fort à l'étroit. Nous n'avions pas fait trois ou quatre lieues que notre barque mal dirigée s'échoua sur un rocher. Une autre barque se jetant sur nous la défonça, et, en un instant, elle fut pleine d'eau, tous les bagages inondés et les passagers avec de l'eau jusqu'aux genoux. Les hommes débarquèrent en se mettant à l'eau qui n'avait guère plus de trois pieds ; mais les femmes et les enfants, quoique déjà bien mouillés, ne voulurent pas se mettre à l'eau, et il fallut pour les amener au rivage le secours d'une petite nacelle qu'on alla chercher au village voisin. La perspective d'attendre une nouvelle barque de Turin et de passer la nuit sur l'eau, ne me souriait pas. Continuer le voyage à pied (il y avait trois lieues à faire par terre) n'était pas possible avec des bagages et des enfants. Je cherchai dans le village voisin une voiture que je trouvai difficilement et à force d'argent, et je me fis conduire au gîte d'étape où était arrivé notre second bataillon.

Nous eûmes bien de la peine à nous loger pour notre argent. Sitôt que le jour parut, j'allai prier le commandant de nous recevoir sur sa barque. Il y consentit et nous voilà embarqués de nouveau. Mais nous n'avions plus les mêmes risques à courir, le Pô étant plus large et plus profond. Aussi le voyage se passa-t-il fort gaiement jusqu'à Casale, où nous trouvâmes notre état-major qui avait passé toute la nuit sur l'eau. De Casale nous nous dirigeâmes sur Valence, puis sur Alexandrie, où l'on nous logea un jour chez l'habitant, mais dès le lendemain on nous caserna.

Il y avait une très forte garnison à Alexandrie, aussi il ne fallait pas penser à avoir, à la caserne, une chambre pour moi seul. On donnait une chambre pour quatre ou cinq femmes ensemble. J'aurais aimé mieux loger avec une compagnie de grenadiers. Il fallut chercher un logement en ville. C'était difficile à trouver ; car il y avait dans Alexandrie, tant officiers que soldats, environ quinze mille hommes. Je finis par trouver une petite chambre au second, ayant pour mobilier un mauvais lit, deux chaises, une table boiteuse et une armoire de trois pieds de haut. Tout cela pour quinze francs par mois, et encore bien heureux de l'avoir trouvée ; car une heure plus tard je l'aurais payée vingt francs. C'est dans ce logement que nous perdîmes notre petite fille, de la petite vérole. Elle avait alors onze mois et sa perte nous fut bien sensible, car l'enfant était tout à fait mignonne et fort avancée pour son âge.

Toutes les troupes travaillaient aux fortifications que l'on était en train de terminer et qui ont fait d'Alexandrie une des forteresses les plus importantes de l'Europe. La citadelle était occupée par des forçats napolitains et par des militaires français condamnés au boulet, que l'on employait aux plus durs ouvrages. Avec ce qu'on a dépensé pour les fortifications, on aurait pu bâtir une très belle ville. Un officier du génie, qui dirigeait les travaux, me disait que chaque brique mise en place coûtait quinze sous à l'Etat, et vingt-cinq sous celles qui avaient servi à construire l'écluse qui permettait de baigner les fortifications de la ville et de la citadelle des eaux du Tanaro.

Tout près d'Alexandrie se trouve le village de Marengo, où s'est livrée la fameuse bataille. J'allai le visiter. Les traces des balles et des boulets se remarquaient encore sur tous les arbres des environs ; mais le village était rebâti tout à neuf. On m'y montra la maison du fameux brigand Malino, qui fut pendant longtemps la terreur du pays. Un officier de gendarmerie, envoyé de Paris, avait juré sur sa tête de le prendre mort ou vif. Malino ne couchait jamais deux nuits de suite dans le même endroit, et jusqu'alors il avait échappé à toutes les recherches, quand il se laissa surprendre dans sa propre maison. L'officier de gendarmerie, qui entra le premier dans sa chambre, fut tué net, et Malino put s'échapper dans son jardin. Mais, comme il en escaladait le mur, il reçut plusieurs coups de fusils qui le couchèrent mort. Son corps fut exposé sur la place d'Armes pendant deux jours, et l'on fit alors le procès de ses complices : j'en vis un jour fusiller sept.

**

La campagne de Prusse était commencée. On envoya notre régiment en observation sur les frontières des possessions autrichiennes, à Vérone ; mais comme il était probable que nous ne resterions pas longtemps inactifs, mon camarade et moi, nous résolûmes de laisser nos femmes au dépôt qui restait à Alexandrie. Nous les installâmes dans une chambre en ville et nous chargeâmes le quartier-maître de leur payer chaque mois les sommes qu'il retiendrait sur notre traitement.

Nous nous mîmes en route le 21 novembre 1806. A quelque distance d'Alexandrie, sur la route de Tortone, nous vîmes la pyramide élevée au général Desaix, à la place même où il fut tué au moment où il assurait le gain de la bataille de Marengo. Après avoir passé le Pô à Plaisance, on nous dirigea par Crémone sur Mantoue, cette forteresse qui a tant coûté d'hommes à la France et à l'Autriche, et puis sur Vérone, où nos soldats furent casernés dans d'anciens couvents. Les musiciens furent logés en ville. J'avais pour hôte un des premiers de la noblesse de la république de Venise. Il n'aimait point les Français, comme du reste la plupart des Italiens dont nous étions généralement fort mal vus, et ne se gênait pas pour montrer son antipathie pour la France. Son fils et ses deux filles parlaient un peu le français, et son frère, un ancien prieur d'un couvent, le parlait mieux que moi. Ils nous faisaient souvent passer la soirée avec eux pour causer dans notre langue, et le prieur, beaucoup mieux informé que nous des choses de notre pays, nous instruisait des événements qui s'y passaient. Il n'aimait point l'empereur et nous prédisait que l'ambition le perdrait. « Il va battre la Prusse, nous disait-il, puis la Prusse battue, il s'attaquera à l'Autriche. » C'est ce qui est arrivé. Mais il n'avait pas prédit les guerres d'Espagne et de Russie, qui amenèrent la ruine de l'empire.

Pendant notre séjour, nous pûmes jouir de la vue du carnaval de Vérone, qui n'est pas si célèbre que celui de Venise, mais qui cependant est fort remarquable. Pendant trois jours tout le monde se masque et le défilé de la mascarade a lieu dans la rue de Mantoue, qui est fort large. Les voitures et les chevaux tiennent le centre, et les piétons suivent les trottoirs. Toute cette cohue de masques, en costumes de toutes sortes, presque tous fort riches, présente un spectacle magnifique que je n'ai vu nulle autre part.

Nous assistâmes aussi pendant le carême à une autre fête ou plutôt une *folie* dont je ne saurais dire ni l'origine ni la signification. Les notables de la paroisse Saint-Jean viennent, tous montés sur des ânes et déguisés en polichinelles, chercher les autorités de la ville et les conduisent à l'ancien cimetière qui est près de la porte de l'église. Là, sur un grand échafaud, est dressée une immense table où prennent place tous les notables et les autorités. On leur sert un dîner qui n'est composé en grande partie que de gnocco, boulettes de pâte que l'on fait bouillir avec un peu de beurre. Près de la porte de l'église se trouve le tombeau du fondateur de cette folie qui, ce jour-là, est recouvert d'une grande tente et sous cette tente trois immenses marmites où cuisent des gnocci que l'on distribue du matin au soir à tous les pauvres de la ville. Dans une auberge, qui avait été un ancien couvent, on me montra le soi-disant tombeau de Roméo et Juliette, qui servait de timbre pour faire boire les chevaux.

Pendant ce temps-là, ma femme s'ennuyant beaucoup à Alexandrie, m'écrivait lettre sur lettre pour venir me rejoindre. Mais mon camarade qui ne se souciait pas beaucoup de la sienne faisait tout ce qu'il pouvait pour me détourner de la faire venir, se doutant bien que sa femme viendrait avec elle. Je m'y décidai cependant. Mais avant que ma lettre fût parvenue, un jour que nous étions à la parade, on vint nous annoncer que nos femmes venaient d'arriver. J'en fus fort heureux pour moi, mais, pour mon camarade, il n'en fut pas de même. Il fut obligé de quitter notre logement, car nous n'avions droit qu'à une chambre et à un lit. Ma femme fut parfaitement accueillie, surtout par les demoiselles de la maison. On mit à sa disposition tout ce qu'il fallait pour faire la cuisine. Le pain et la viande nous étaient fournis par l'ordinaire du régiment, nous n'avions qu'à acheter le vin : tout le reste nous était donné par nos hôtes. Nous vivions donc fort bien et très économiquement. Malheureusement cela ne dura pas longtemps, et, à notre grand regret, nous reçûmes l'ordre de partir pour Augsbourg, en Bavière.

X

DE VÉRONE A STETTIN.

Nous traversons le Tyrol au milieu des neiges. — A Augsbourg. — A Donawerth, ma femme tombe dans le Danube. — L'accident n'a pas de suite. — Champ de bataille d'Iéna. — A Halle. — A Postdam. — A Berlin. — A Stettin. — Ma femme accouche d'un garçon (13 juin 1807). — Le même jour, il me faut partir avec le régiment pour Griffenberg. — Retour à Stettin. — Siège de Colberg. — Je fais fonctions d'infirmier. — Poursuivis à coups de canon. — Traité de Tilsitt (7 juillet 1807). — Retour à Stettin.

L'ORDRE de départ pour Augsbourg était à peine arrivé, qu'il fallut se préparer à se mettre en route. Nous étions trois régiments à Vérone ; l'un partit trois heures après l'ordre, l'autre le lendemain et nous le surlendemain. Je m'arrangeai avec un cantinier pour que ma femme pût monter dans sa voiture, quand elle le voudrait. Comme elle était enceinte de six mois et demi et que la voiture la fatiguait, elle marchait presque toujours et ne montait dans la voiture que par les mauvais temps. Nous traversâmes tout le Tyrol sans nous reposer un jour. Heureusement que les étapes n'étaient pas longues. Le pays est pauvre, aussi étions-nous fort mal nourris et fort mal logés, quelquefois vingt dans la même maison et couchés sur la paille. De Trente à Inspruck, nous n'avons pas eu de lits. En passant les Alpes, nous fûmes assaillis par la neige, et nous aurions été obligés de nous arrêter, si l'on n'avait pas employé plus de deux cents paysans à nous frayer la route en jetant la neige avec des pelles de droite et de gauche de la route. Le froid était excessif et pour se réchauffer ma femme avait voulu aller à pied. Nous fîmes route avec la femme d'un officier qui s'était habillée en homme pour pouvoir marcher plus aisément ; mais, comme elle était fort petite, elle entrait dans la neige jusqu'aux cuisses. Nous eûmes bien de la peine à arriver jusqu'à l'auberge de l'endroit où nous devions faire halte et où nous pûmes nous sécher. On nous avait prévenus que nous n'y trouverions rien que du vin et de la bière, aussi avions-nous fait nos provisions qui consistaient en de mauvais boudins blancs. Ce n'était pas fameux, mais notre général de brigade, qui n'avait pu rien se procurer, se trouva fort heureux d'accepter notre invitation à partager notre repas. Il paya son écot en vin : nous avions dépensé douze sous, il déboursa six francs.

Arrivés à Augsbourg, on nous fit partir le lendemain pour Friedberg, à deux lieues de là, où nous restâmes cinq jours en cantonnement. Nous n'étions pas encore reposés, qu'ordre arriva de partir pour Halle, en Prusse. C'était encore un bon petit saut. Nous retournâmes à Augsbourg, et le lendemain nous étions à Donawerth où ma femme faillit périr dans le Danube.

*
* *

Comme l'étape avait été forte et la journée chaude, ma femme était montée en voiture avec la cantinière. Aux abords de la ville, le cheval prit peur et entraîna la voiture et les deux femmes dans le Danube. Heureusement que l'arrière-garde arrivait dans ce moment. Un voltigeur se jeta de suite à l'eau et alla au secours de ma femme qui avait pu se réfugier sur le toit de la voiture. Quant à la cantinière qui était debout sur les brancards et qui appelait au secours, comme elle n'était point aimée dans le régiment, personne ne voulait se mouiller pour aller la chercher. Ce fut un étranger qui la sauva.

Un soldat avait été envoyé pour me prévenir. Il me trouva conduisant le drapeau chez le colonel. Je laisse la musique et me mets à courir vers la porte de la ville où l'accident avait eu lieu. Je rencontre en route ma femme dans une autre voiture de cantinière où on l'avait fait monter. Moi qui croyais la trouver à moitié morte, jugez de ma joie, lorsque je me vis accueillir par des rires et par des plaisanteries, sur le petit coup qu'elle avait bu, et sur sa toilette un peu défraîchie par le bain forcé qu'elle avait pris. J'étais fort content de la voir aussi gaie ; mais je n'en étais pas moins inquiet, attendu qu'elle était enceinte de huit mois. Mon colonel, qui avait été prévenu de l'événement, amena lui-même le chirurgien-major dans notre logement et s'informa de l'état de ma femme, qui heureusement n'eut pas de suite fâcheuse. On la coucha dans un lit bien chaud et on lui fit prendre du vin chaud bien sucré. Le lendemain il n'y paraissait plus rien, et elle pouvait se remettre en route avec le régiment, mais en abandonnant l'ancienne cantinière pour prendre celle qui l'avait reçue après sa sortie de l'eau.

*
* *

Nous suivions la route déjà parcourue par l'armée qui avait remporté la victoire d'Iéna, aussi nous ne trouvions que tout juste à vivre. Nous visitâmes les lieux où s'est livrée cette fameuse bataille (13 octobre 1806), et six mois environ après, nous pûmes y voir encore les débris sanglants de l'effroyable déroute des Prussiens.

A Halle, on nous forma en division et après nous avoir laissé huit jours de repos, on nous fit marcher sur Berlin. Nous passâmes l'Elbe à Wittemberg, et deux jours après nous étions à Postdam, résidence royale, où se trouve le château de Sans-Souci, qui tire son nom du fameux moulin dont l'histoire est bien connue. Je visitai le moulin et le château qui est magnifique et j'entrai dans le cabinet où travaillaient ensemble Voltaire et le roi de Prusse, Frédéric-le-Grand.

Le lendemain nous partions pour Berlin, suivant une route magnifique, bordée de châteaux, de belles maisons de campagnes, d'avenues et de parcs de toute beauté. A une lieue de la capitale, on nous fit faire notre toilette et nous entrâmes en ville, ficelés comme à la parade. Nous traversâmes toute la ville neuve, qui est fort belle, et l'on nous fit mettre en bataille devant le palais du roi qui pourrait être des plus beau. On nous distribua des billets de logement et je fus logé dans l'ancienne ville qui est fort laide et fort sale, et je puis dire que, dans la capitale, je fus aussi mal logé que dans le dernier des villages. Le lendemain on nous passa la revue et on nous fit des distributions de capotes et de souliers, et le surlendemain nous partions pour Stettin, où se rassemblait un corps d'armée, sous le commandement du maréchal Brune.

A Stettin, où nous étions 12.000 hommes dans la ville et les faubourgs, j'eus la chance d'être logé seul avec ma femme chez un ministre protestant. Nous n'étions point bien nourris ; mais la maison était fort tranquille et fort propre. Ma femme était sur le point de faire ses couches. Au bout de douze jours, elle mit au monde un garçon, le 13 juin 1807. L'accouchement avait été heureux et la mère et l'enfant se portaient bien. J'étais tout à la joie d'être père, lorsque le lendemain on vint me prévenir que le régiment partait à trois heures. Je courus chez le colonel pour lui expliquer ma position. Je ne pouvais laisser tout seuls ma femme malade et mon enfant chez des étrangers. Mais le colonel venait d'avoir une altercation avec le général, il était de mauvaise humeur, j'eus beau le supplier, il me refusa toute permission. Comme le petit dépôt restait à Stettin, j'allai trouver la femme du maître cordonnier, qui voulut bien entrer dans mes peines et me promit de prendre sous sa protection ma femme et mon enfant. Je n'eus que le temps d'aller les embrasser et je courus rejoindre le régiment qui était déjà en marche. Le colonel avait déjà demandé après moi ; mais il ne me dit rien, lorsqu'il me vit arriver.

Nous allâmes jusqu'à Griffenberg, où nous restâmes huit jours que je trouvai bien longs. Puis ordre vint de nous en retourner à Stettin. J'étais bien content. A la dernière étape, comme nous nous mettions en marche, le colonel vint à moi et me dit que, si je le voulais, je pouvais prendre le devant. Je ne me le fis pas dire deux fois. Jamais je n'ai marché d'un si bon pas, et en peu de temps j'avais laissé derrière moi le régiment. La chance me fit rencontrer des chirurgiens, qui avaient une voiture à quatre chevaux. Ils me firent monter avec eux et nous arrivâmes à Stettin quatre heures avant le régiment.

Je trouvai la mère et l'enfant bien portants, et la mère bien heureuse de me voir ; car elle n'était pas prévenue de mon arrivée. J'eus le temps de me délasser et de faire un peu de toilette, puis j'allai au-devant du régiment. Dès que le colonel m'aperçut, il me demanda des nouvelles de ma femme et de mon enfant. Il semblait prendre à tâche de me faire oublier la dureté de son premier refus. J'obtins de garder le même logement et il fallut y laisser de nouveau ma femme et mon enfant, ordre ayant été donné au régiment d'aller faire le siège de Colberg.

*
* *

Cette place, qui est un port sur la Baltique, ne pouvait être prise par blocus, puisqu'elle pouvait être ravitaillée par la mer. Aussi, depuis six mois qu'il y avait des troupes autour de cette place, on n'était pas plus avancé que le premier jour. Avec le renfort que nous amenions, il fallut prendre une vigoureuse offensive. Notre régiment reçut l'ordre de s'emparer du fort du Bois, qui fut pris d'assaut avec beaucoup d'entrain et démantelé ; mais notre régiment, dans cette action d'éclat, avait perdu 400 hommes. Il était resté exposé aux feux du fort Rouge, qui balayait le front, et aux feux d'une frégate anglaise qui balayait le flanc gauche et la plaine. Nous autres, musiciens, nous nous étions mis à l'abri derrière quelques mamelons de sable. C'est là que l'on amenait les blessés, et toute la journée je fus employé par le chirurgien-major à panser les blessés. Ses aides étaient restés à l'ambulance à une lieue de là où l'on conduisait les blessés sur des charrettes. Mais le chirurgien opérait lui-même ceux qui avaient besoin d'amputation. Je n'ai jamais tant vu couper de bras et de jambes, et, sur la paille autour de nous, il y en avait des tas. Pour moi, j'avais l'air d'un boucher : j'étais couvert de sang de la tête aux pieds. J'avais fait faire par des paysans un grand trou, pour y enterrer les bras et les jambes. Ce triste ouvrage était terminé, lorsque j'aperçus dans la paille encore une jambe. Je veux la prendre pour la mettre avec les autres, mais elle tenait à un corps. Je lève la paille et je trouve un malheureux soldat qui était là depuis le matin et qui dormait profondément. Il avait été amené ivre-mort avec un bras cassé ; on l'avait déposé sur la paille, en se démenant il avait fini par se couvrir de paille, s'était endormi et on l'avait oublié. Lorsque je parvins à le faire revenir à lui, il s'aperçut pour la première fois que son bras était cassé et qu'il ne tenait plus que par un peu de chair. Je le menai au chirurgien qui lui fit de suite l'amputation, sans qu'il jetât un seul cri. Lorsqu'il fut pansé, il partit à pied, malgré nous, pour l'ambulance, sans vouloir attendre une voiture.

Le lendemain, notre régiment fut remplacé par un régiment italien. On nous fit bivouaquer dans un endroit où nous étions à l'abri du canon et l'on se mit en devoir de faire la soupe. Mais pour faire du feu, il fallait du bois. Je proposai d'aller arracher quelques-unes des palissades du fort que nous avions pris la veille. Comme c'était s'exposer à recevoir des coups de canon, personne ne se souciait d'y aller. Cependant, comme le feu avait cessé, je décidai quelques camarades à m'accompagner. Notre provision était à peu près faite, lorsque tout à coup nous entendons le canon et les boulets siffler autour de nous. Il fallait déguerpir et au plus vite. Nous gagnâmes au galop le bord de la mer où des mamelons de sable pouvaient nous garantir des boulets, et nous ne rentrâmes en plaine que lorsque nous nous crûmes hors de portée du canon. Mais nous nous étions trop pressés de nous mettre à découvert. Un boulet, après avoir ricoché, vint frapper le bois d'un de mes camarades et le renversa lui et sa charge. Je courus à lui pour savoir s'il était blessé, un autre boulet en ricochant me couvre de terre. A deux pas de nous, un soldat qui venait de porter la soupe, se voit emporter le poigner et la gamelle par un boulet. Cela nous donna des jambes et nous pûmes enfin arriver sains et saufs au régiment.

A peine étions-nous arrivés, que le feu cessait et que l'on nous annonçait que la paix venait d'être signée. (Traité de Tilsitt, 7 juillet 1807.) Le bruit courut même dans l'armée que le maréchal Brune connaissait depuis trois jours la cessation des hostilités; mais qu'il avait feint de l'ignorer pour éprouver au feu notre régiment. Cela nous avait coûté quatre cents hommes hors de combat. Quoi qu'il en soit, l'ordre de départ étant arrivé, nous laissâmes là notre cuisine et nous nous mîmes de suite en route pour retourner à Stettin où je retrouvai ma femme et mon enfant bien portants. Je ne pus passer qu'un jour avec eux; car le lendemain nous recevions l'ordre d'aller occuper la Poméranie suédoise et de mettre le siège devant Stralsund, qui était bloqué depuis six mois. Comme le petit dépôt restait toujours à Stettin, je m'arrangeai pour que ma femme pût y rester toujours dans son même logement.

XI

EN POMÉRANIE ET EN DANEMARCK, PUIS A LYON.

Devant Stralsund. — Les vers dévorent nos vivres. — La moisson autour du camp. — Nous sommes passés en revue par le maréchal Berthier. — Reddition de Stralsund (26 août 1807). — Ma femme vient me rejoindre. — A Stralsund. — A Brême. — Baptême de mon fils. — A Stade. — En Danemarck. — A Rendsbourg. — Mort du roi de Danemarck. — A Flensborg. — A Apenrade. — Au camp de Rendsbourg. — Je monte avec ma femme une cantine. — Nous gagnons beaucoup d'argent. — Révolte de la division espagnole. — Le camp est levé. — On nous envoie contre les révoltés. — A Hambourg. — En Hanovre. — En Westphalie. — Le roi Jérôme. — A Francfort. — Nous passons le Rhin à Mayence. A Strasbourg. — A Colmar. — A Besançon. — A Bourg. — A Lyon. — Ma femme et mon fils partent pour Poitiers. — En cantonnement à Sainte-Foix. — Je reçois la nouvelle de la naissance de mon second fils (9 février 1809).

UTOUR de Stralsund, nous étions deux divisions, une division française et une division italienne. La moitié des troupes occupait les tranchées, l'autre moitié restait au camp. Nous nous étions fait des baraques en planches avec les démolitions des villages des environs, et ne trouvant pas de paille pour les couvrir, nous nous étions servis de blé à moitié mûr. Mal nous en prit. Il se développa dans cette paille encore verte une telle quantité de vers que nos aliments en furent bientôt remplis. Lorsque nous trempions la soupe, il fallait écumer avec une cuiller les vers qui se trouvaient sur le bouillon. J'avais pris la précaution de suspendre mon pain par une ficelle au toit de ma baraque ; mais le lendemain il était quand même plein de vers. J'en arrivai à jeûner ou à manger des pommes de terre ou des légumes sans pain. Le colonel, me trouvant un jour déjeunant avec des pois verts et des fèves que j'avais été cueillir dans les jardins des environs, me demanda si je n'avais pas de pain. Je lui dis qu'il m'était impossible d'en manger, tant il était plein de vers. Il m'envoya un bon morceau de pain blanc, et, par son secrétaire, qui était un de mes amis, il m'en envoyait de temps en temps. Je crois que sans cela je serais tombé malade.

Nous étions au mois d'août : c'était le temps de la moisson ; mais ce ne furent pas ceux qui avaient semé le grain qui le récoltèrent. A une lieue autour du camp, nos soldats se mirent à couper le blé ; et bientôt, dans tout le camp, on n'entendit plus du matin au soir que le bruit des fléaux battant le grain. C'était à ne pouvoir dormir ; car dans ce pays, en été, les nuits ne sont guère que de deux heures. Le blé battu, on le vendit aux pauvres paysans à qui il appartenait. Les soldats gagnaient ainsi beaucoup d'argent, et les cantiniers s'en trouvaient bien.

Au milieu du mois d'août, on nous annonça que l'Empereur allait venir nous passer en revue. On était bien content ; on espérait que sa présence vaudrait au régiment quelques croix, que l'on avait bien gagnées au siège de Colberg. Mais ce fut le prince Berthier qui vint à sa place et nous n'eûmes de lui que de belles promesses.

Le siège traînait en longueur, la ville ne pouvant être bloquée du côté de la mer. Cependant nos tranchées étaient arrivées jusqu'aux abords de la place et nous pouvions aller chercher des légumes dans des jardins, aux portes de la ville, sans être inquiétés : on ne tirait pas le canon sur des soldats isolés. Du reste je n'ai jamais vu de siège où l'on ait brûlé moins de poudre. Aussi nous nous attendions à rester longtemps là, lorsqu'un matin les troupes qui se rendaient aux tranchées, pour relever celles qui y avaient passé la nuit, ne virent plus de soldats sur les remparts. Un sergent se jetant à l'eau traversa le fossé à la nage et alla frapper à la porte. On lui ouvrit et on lui offrit les clés de la ville (26 août 1807). La nouvelle fut portée au maréchal. Il ordonna de former un bataillon de grenadiers qui prit possession de la ville.

La joie fut grande au camp ; car nous avions peur de rester là tout l'hiver. J'écrivis à ma femme pour lui dire de venir me rejoindre le jour où nous devions entrer dans Stralsund. Elle arriva au jour dit ; mais au moment d'entrer en ville, un contre-ordre arriva. Il fallut rentrer au camp pour y passer la nuit, et ma femme avec notre enfant furent obligés de coucher dans ma baraque.

Le lendemain, nous entrions en ville ; mais je fus si bien logé que je regrettais ma baraque. Le lit était plein de puces, poux et punaises, aussi fûmes-nous obligés de mettre de la paille par terre pour y coucher, comme au bivouac. Quant à la nourriture, elle était à peu près comme au camp, nos rations étaient encore bien justes ; mais au moins nous n'avions plus de vers dans notre pain. A force de démarches, je finis par obtenir un logement chez une demoiselle seule, pour moi, ma femme et mon enfant. Nous y fûmes très bien, avec bon lit et bonne nourriture. Nous y restâmes environ un mois, puis nous reçûmes l'ordre d'aller cantonner sur les bords de l'Elbe.

Avant de quitter Stralsund, on fit vendre toutes les baraques du camp et l'on prévint les musiciens d'envoyer quelqu'un pour vendre les nôtres. Mais personne de nous ne voulut se déranger et ce furent les sapeurs qui les vendirent un louis. Tout fut acheté et emporté par les habitants de la ville, sous les yeux des malheureux paysans qui se voyaient enlever pour la seconde fois les débris de leurs maisons. Voilà les tristes conséquences de la guerre.

*
* *

Après une huitaine de jours de marche, nous arrivâmes le 12 octobre à Blequed, sur l'Elbe, petit bourg assez riche sur la frontière du Hanovre. Nous y restâmes jusqu'au 24 novembre, époque à laquelle on nous fit partir pour Brême, ville libre hanséatique où nous arrivâmes le 28 novembre. Notre régiment fut logé dans la ville neuve sur la rive gauche du Weser. Je tombai d'abord dans un très bon logement. Les habitants étaient obligés de nous nourrir, et nous étions fort bien traités. Mais au bout de quinze jours, on nous envoya dans la vieille ville où nous fûmes fort mal. Je changeai deux ou trois fois de logement sans en trouver un à ma convenance. Comme j'étais très bien avec le quartier-maître, à qui je donnais des leçons de musique, il mit à ma disposition une demi-douzaine de billets de logement qui lui restaient. Je choisis celui d'un riche apothicaire. Comme le billet portait pour six soldats et qu'on n'avait à loger que ma femme et moi, j'espérais qu'on aurait quelque égard pour nous. Mais il n'en fut rien. On nous conduisit dans une chambre où nous trouvâmes une espèce de lit de camp, de quoi coucher six soldats, et c'est avec bien de la peine que nous pûmes obtenir un lit. Comme nous étions taxés pour le pain comme pour le reste, on ne nous fournissait que le strict nécessaire et nous étions obligés souvent de mettre la main à la bourse pour compléter notre ordinaire.

Comme mon petit garçon n'était pas encore baptisé, je m'informai s'il n'y avait pas dans la ville une église catholique. On me désigna un curé qui desservait une petite chapelle dans le voisinage. J'allai m'entendre avec lui et le baptême fut fixé pour le lendemain. Un de mes confrères et son épouse furent parrain et marraine, et la cérémonie ne fut pas sans attirer beaucoup de monde ; car toute notre musique s'était réunie dans la petite chapelle, et salua notre entrée par une aubade. Jamais le curé ne s'était trouvé à pareille fête. Un grand dîner réunit toute la musique, et la nuit nous trouva encore à table savourant quelques bouteilles de vin de France.

*
* *

Le 25 février, nous reçûmes l'ordre de départ pour aller à Stade, ville forte du Hanovre, fort vilaine, bien sale et bien pauvre. Je fus logé chez un ancien capitaine des troupes du Hanovre, qui portait une haine féroce aux Français. Comme il était obligé de nous nourrir, non seulement ce qu'on nous servait ne valait rien, mais encore nous y trouvions toute espèce de saloperies, voire même des poignées de cheveux. Il nous força de cette manière à changer de logement.

Nous ne restâmes à Stade que huit jours. On nous fit embarquer sur l'Elbe, toute notre division et une division espagnole commandée par le général La Romana, pour nous transporter en Danemark. Nous y allions en amis et pour défendre le pays contre les Anglais, qui avaient brûlé Copenhague et pris toute la flotte danoise. Nous débarquâmes dans le Holstein, la plus riche province du Danemark. On nous dirigea sur Rendsbourg, la résidence du vieux roi qui était en enfance. Au moment d'entrer en ville, et pendant que nous faisions halte pour faire un peu de toilette, on vint nous annoncer que le roi venait de mourir et on nous pria d'entrer sans tambours ni musique. La veille, le vieux roi s'était promené encore sur la place. Il avait vu arriver le premier régiment français, ce qui l'avait fortement impressionné. Il était rentré dans son palais sans dire une parole et le lendemain il était mort. Dans l'après-midi, toutes les troupes danoises se réunirent sur la place, devant le palais royal. Le premier ministre, à l'une des fenêtres, annonça la mort du souverain, et, criant de suite : « Vive le roi, » il proclama roi son fils qui était déjà co-régent du royaume, depuis que son père était en enfance. Le corps du roi fut porté dans l'église où il séjourna durant un mois, et pendant tout ce temps-là, toutes les églises du royaume sonnèrent chaque jour le glas funèbre.

Le lendemain, on nous fit partir pour Sleswig, puis pour Apenrade, d'où nous revînmes à Flensborg, petit port sur le Petit Belt. J'y rencontrai un capitaine de navire que j'avais connu à l'île de Ré et qui me fit boire du vin et de l'eau-de-vie qui venaient de la maison que j'avais habitée à Saint-Martin-de-Ré. Nous n'étions revenus sur nos pas que pour laisser aller devant nous la division espagnole qui était destinée à passer dans les îles de Fionie et de Seeland. Quoique nous fussions au mois d'avril, il faisait un froid terrible, plus grand que dans le fort de l'hiver en France. Aussi fallait-il entendre les Espagnols pousser leurs caracos. Le froid était tel que l'on crut que la mer allait geler de nouveau et que notre corps d'armée, qui était destiné pour la Suède, pourrait y aller sur la glace. Mais le dégel vint, les projets de descente en Suède furent abandonnés, et après être restés deux mois fort tranquilles en cantonnement à Apenrade, nous fûmes destinés à aller former un camp à Rendsbourg.

En passant à Sleswig, nous fûmes logés chez un des premiers de la cour du prince. Il avait deux jolies petites filles qui se prirent d'amitié pour mon très petit garçon avec lequel elles étaient constamment à jouer. Aussi quand il fallut partir, ce furent des pleurs à n'en plus finir et qui émurent tellement leur père, qu'il me proposa de me garder mon enfant. — « Vous allez, me dit-il, être exposés de nouveau à toutes les horreurs de la guerre ; car votre empereur est insatiable, et une guerre finie, il en recommencera une autre. Comment ferez-vous pour élever votre fils au milieu des camps. Laissez-le moi, je le ferai élever comme un de mes enfants, et lorsque la paix sera faite, lorsque vous serez retournés dans votre pays, que vous y serez établis, je vous le renverrai. » Il me fit encore beaucoup de belles promesses ; mais ma femme et moi nous n'étions point du tout disposés à nous séparer de notre enfant, et nous quittâmes notre hôte en le remerciant de ses honnêtes propositions.

.*.

Ne voulant pas que ma femme vînt au camp, j'avais l'intention de louer une chambre en ville. J'en parlai au secrétaire du colonel. — « Pourquoi n'emmèneriez-vous pas votre femme au camp, me dit-il, et ne lui feriez-vous pas tenir une cantine. Vous ne seriez pas séparés et vous gagneriez de l'argent. Je mets ma bourse à votre disposition pour vos premiers achats. » Je le remerciai de son conseil et de ses offres, et je lui dis que j'allais en parler à ma femme. Je n'eus pas grand'peine à la décider ; car elle grillait d'envie de venir au camp, ayant peur de rester encore seule et abandonnée comme à Stettin. Je retournai rendre réponse au secrétaire, et comme je n'étais pas bien en fonds, attendu qu'on ne nous avait pas payés depuis quelques mois, je lui empruntai deux cents francs qu'il me donna en me disant qu'il était très content de trouver cette occasion de me rendre service.

En retournant à mon logement, je rencontrai l'officier chargé des effets de campement, au milieu d'une troupe de paysans réquisitionnés avec leurs charrettes, pour transporter au camp les tentes et tous les ustensiles. Comme il ne parlait pas allemand, il ne pouvait se faire comprendre. Il m'appela à son aide, et je me mis à sa disposition. C'était le moyen de me procurer gratis une voiture pour le lendemain. J'allai porter l'argent à ma femme, qui se mit de suite à faire ses emplettes consistant en vin, eau-de-vie, rhum, bière, beurre, fromage, enfin tout ce qu'on peut vendre au camp.

Le lendemain, mes marchandises étaient arrivées, avant qu'on eût dressé le camp. L'adjudant-major qui distribuait les tentes et qui savait que je voulais monter une cantine, me donna tout ce qui m'était nécessaire, et, le camp tracé, je me mis à monter mes tentes. Comme il faisait grand vent, j'aurais eu de la peine à en venir à bout, tout le monde étant occupé à monter la sienne, si un vieux sergent à qui j'offris la goutte n'était venu m'aider.

A peine ma femme fut-elle arrivée, que sa voiture, qui n'avait pas encore été déchargée, fut entourée et nous ne fûmes bientôt plus maîtres de la marchandise. Tout fut vendu, avant que la cantine fût installée : c'était un bon début. Il fallut retourner à l'emplette et ma femme excita bien des jalousies, lorsqu'elle raconta aux cantinières qu'elle rencontra sur sa route, arrivant au camp, qu'elle retournait à la ville faire de nouvelles provisions. Pendant ce temps, je continuai d'installer ma cantine. Je me fis une cave. Je creusai autour de mes deux tentes, pour faire des bancs et une table, et je fis tout ce que je crus nécessaire pour attirer les chalands. Ils ne nous manquèrent pas. Souvent les dimanches et fêtes nous avions la visite des habitants des environs qui visitaient le camp et venaient se rafraîchir à notre cantine. Mais les denrées, qui étaient d'abord à très bon marché, enchérirent bien vite tout autour du camp, et il nous fallut bientôt payer le double de ce que cela nous avait coûté au commencement. Heureusement, la femme du maître cordonnier, qui était restée à Sleswig et qui était une amie de ma femme, voulut bien se charger de nos achats qu'elle pouvait faire à meilleur compte qu'autour du camp.

Et puis les transports ne nous coûtaient pas cher, nous avions à notre disposition les fourgons du colonel, du chirurgien-major ou du vaguemestre. Aussi nous y gagnions beaucoup d'argent, et, si nous étions restés longtemps là, nous ramassions une petite fortune.

**

Le prince de Ponte-Corvo, Bernadotte, qui commandait notre corps d'armée, vint assister à nos manœuvres. La veille du jour où il devait nous passer en revue, nous sommes réveillés au milieu de la nuit par le cri : Aux armes ! Tout le monde est bientôt debout, croyant que les Anglais étaient débarqués ; mais le secrétaire du colonel m'apprit que c'était la division espagnole qui s'était révoltée et que nous partions pour faire rentrer les mutins dans le devoir. J'étais fort embarrassé. Qu'allaient devenir ma cantine et mes marchandises ? Je courus au village voisin pour tâcher d'avoir une voiture, mais tout était réquisitionné. Quand je revins, ma femme m'apprit qu'elle avait tout vendu. Chacun, en partant, avait voulu faire ses provisions, et, en lâchant un peu la main, elle avait pu se débarrasser de tout. Nous ne perdîmes que les ustensiles que nous avions loués, c'est-à-dire l'argent que nous avions donné en gage, une vingtaine de francs. C'était s'en tirer à bon marché.

A deux heures du matin, nous étions en route. Nous allâmes, à marche forcée, faisant vingt lieues par jour, dix à pied, dix en voiture, jusqu'à Hadersleben, où l'on nous arrêta en nous annonçant que notre cavalerie venait de faire prisonniers tous les Espagnols qui n'avaient pu se réfugier sur la flotte anglaise. Les Anglais qui les avaient poussés à la révolte, ne se souciant pas de les garder et de les nourrir, en débarquèrent un grand nombre dans une île où ils se livrèrent à un véritable brigandage. Il fallut envoyer contre eux un régiment qui les fit tous prisonniers sans tirer un coup de fusil. Maudissant également Français et Anglais, ils furent envoyés comme prisonniers de guerre en France, avec tout ce qui restait de la division espagnole.

Huit jours après nous recevions l'ordre de partir pour Hambourg. Comme on avait distribué les équipages des Espagnols entre tous les régiments, je trouvai facilement une voiture pour faire voyager ma femme et mon fils avec moi. Nous arrivâmes sans encombre à Hambourg. C'est le port le plus fréquenté et la ville qui fait le plus grand commerce de toute l'Europe. Plus de trois cents bâtiments faisaient comme une forêt sur l'Elbe. La ville est fort belle ainsi que les environs. Les promenades sont magnifiques. Je n'ai jamais vu nulle part autant de Juifs. On est sans cesse pourchassé par eux dans toutes les rues, soit pour vous vendre soit pour vous acheter quelque chose. Comme j'avais des galons d'or sur mon uniforme, ils me poursuivaient pour me les acheter, et je ne pouvais m'en débarrasser qu'en les menaçant. Nous ne restâmes qu'un jour à Hambourg, et le lendemain on nous embarqua. Nous fîmes quatre lieues par eau et nous allâmes coucher à Harbourg, où nous reçûmes l'ordre de nous diriger sur Francfort, à travers le Hanovre et la Westphalie.

Le Hanovre peut être comparé à la Basse-Bretagne pour la pauvreté et la malpropreté. La population y est clair-semée et l'on fait quelquefois cinq ou six lieues sans trouver un village. En revanche nous y trouvions souvent des débris des anciennes guerres de Hanovre, des châteaux forts à moitié ruinés. Nous fîmes séjour à Hanovre, qui est bien la moins belle de toutes les capitales que j'ai vues. La misère y était fort grande par suite du changement de gouvernement et du départ des Anglais qui faisaient vivre les habitants. On ne voyait dans les rues que des mendiants. Nous fûmes fort mal reçus, ce qui n'a rien de bien étonnant. Chaque passage de troupes leur coûtait cher ; car nous étions nourris chez l'habitant.

En Westphalie, nous ne fûmes guère mieux, les paysans y étaient encore plus pauvres et y mangent du pain dont ne voudraient pas les cochons de notre pays. Nous devions passer par Cassel, qui était la résidence du roi Jérôme Bonaparte. Mais sa majesté ne jugea pas à propos de nous recevoir, et l'on nous fit faire cinq lieues de plus pour nous faire loger dans un mauvais bourg où l'on nous envoya comme gratification une voiture de pains de munition et une barrique d'eau-de-vie. Le tout était si mauvais que les soldats n'en voulurent pas, et, si le commis chargé des distributions ne s'était sauvé sur son cheval au grand galop, on lui eût fait un mauvais parti. On n'entendait dans toute la troupe que des malédictions contre le roi que les soldats appelaient Jérôme pointu. Les habitants le détestaient encore plus que les soldats; mais ils détestaient surtout les Français, aussi dans tout le pays, depuis le colonel jusqu'au dernier soldat, jamais nous ne fûmes plus mal traités.

En entrant dans le pays de Darmstadt, nous fûmes beaucoup mieux. Ce n'étaient pas cependant des Français qui gouvernaient. Arrivés à Francfort-sur-le-Mein, on nous fit partir au bout de deux jours pour Hombourg, où nous nous reposâmes pendant douze jours. Pendant ce temps, on forma deux divisions : la division Boudet, la nôtre, et la division Molitor, destinées, disait-on, à aller faire la guerre en Espagne, ce qui ne me souriait guère ; mais j'étais bien heureux de rentrer en France, afin de pouvoir envoyer ma femme dans mon pays. Elle était enceinte de sept mois, et je ne pouvais la traîner à ma suite avec deux enfants.

*
* *

Le 25 novembre, nous nous mettions en route pour la France, à destination de Lyon. Nous passâmes le Rhin à Mayence, qui était alors une ville française, et, à partir de ce moment, il nous fallut vivre sur notre bourse ; on ne nous donnait plus que le logement. Mon idée avait été, aussitôt arrivés à Mayence, de faire partir ma femme pour mon pays ; mais, m'étant procuré une carte de géographie, je m'aperçus que le chemin était plus direct et les communications plus faciles de Lyon à Poitiers, je me résolus donc de garder encore ma femme avec moi jusqu'à Lyon, et, en conséquence, je m'arrangeai avec un de mes camarades, qui avait une voiture et un cheval, pour la faire voiturer elle et mon enfant jusqu'à Lyon.

Le pays que nous avions à suivre jusqu'à Landau, la première ville de l'ancienne France, ne m'était pas inconnu. Je l'avais parcouru plusieurs fois dans les premières guerres de la Révolution. J'y avais vu bien des misères et le pays lui-même avait bien eu à souffrir. Depuis qu'il faisait partie de la France, il s'était relevé de ses ruines ; mais les habitants n'en aimaient pas plus les Français, surtout dans les résidences où il y avait eu un prince. Ce fut une grande joie pour nous, lorsque, à partir de Landau, nous entendîmes tous les habitants parler français ; car si l'allemand est encore en usage dans les campagnes, les paysans entendent et parlent le français.

En arrivant à Strasbourg, je rencontrai un musicien des canonniers à qui je demandai le nom des musiciens de son régiment. Il m'en nomma un qui était mon ancien camarade de lit dans les hussards, un de mes meilleurs amis, celui avec lequel j'avais fait la fameuse ascension d'une montagne en Styrie, qui s'était terminée d'une manière si désastreuse pour moi. Je priai mon musicien d'aller le chercher et de lui dire qu'il me trouverait à la tête du régiment. Il avait laissé le service quelque temps avant moi pour se marier à Verdun. J'avais même dû assister à ses noces, lorsque je pris mon congé pour me rendre dans ma famille ; mais je n'avais pu arriver à Verdun, que quelques jours après la cérémonie. En mon honneur, on avait fait une espèce de retour de noces où je fus le garçon d'honneur, avec la sœur de la mariée. La femme de mon ami, qui s'était prise d'une grande amitié pour moi, m'avait raconté son histoire. Elle était petite-cousine des princes de Condé. Au moment de la Révolution, toute sa famille avait émigré. Elle avait perdu sa mère très jeune, et son père, en émigrant, l'avait remise elle et sa sœur entre les mains d'un parent qui devait les élever, mais qui périt sur l'échafaud. Restées seules, elles avaient été obligées de travailler pour vivre, jusqu'au moment où l'héritage d'un parent éloigné était venu les sortir de la misère. Elles étaient toujours sans nouvelles de leur père qu'elles croyaient mort dans l'émigration, et elles étaient en instance pour récupérer une partie des biens que la Révolution leur avait enlevés. Les nouveaux mariés m'avaient fait une réception splendide. Il n'est pas d'amitiés qu'ils ne m'aient témoignées, mon camarade en était fou. Il voulait absolument me garder auprès de lui, et pour cela sa femme me proposa de me marier avec sa sœur. Je serais devenu ainsi le cousin des princes de Condé; mais cet honneur me touchait peu, et, à ce moment-là, je n'avais d'autre souci que de revoir mon pays.

J'avais quitté les nouveaux époux paraissant vivre dans la meilleure intelligence et dans une situation de fortune satisfaisante, comment se faisait-il que je retrouvasse mon camarade à Strasbourg, musicien de régiment? Telles étaient les réflexions que je me faisais, tout en conduisant le drapeau chez le colonel, lorsque je me sentis saisir si brusquement que je faillis être renversé. C'était mon camarade, fou de joie qui me sautait au cou. Et nous voilà à nous embrasser comme des pauvres. Après avoir été rejoindre ma femme et mon enfant, et avoir fait porter nos effets à notre logement, il nous emmena dans une auberge où il nous fit servir un copieux repas qui dura jusqu'à onze heures du soir. Pendant le cours du dîner, je parvins, non sans peine, à lui faire raconter son histoire qui ne fit que me confirmer ce que je savais de lui : brave cœur, mais pauvre cervelle. Enfant de troupe, ayant toujours vécu de la vie des camps, il n'avait pu s'habituer à la vie oisive et fortunée que lui avait procurée son mariage. Sa femme qui était rentrée dans une partie de ses biens, qui avait hôtel et domestiques, n'avait pu, quoi qu'elle fît, dissiper ses regrets de ne pouvoir continuer sa carrière militaire. Un jour, feignant d'aller à la chasse, il alla, à l'insu de sa femme, s'engager dans un régiment de canonniers à La Fère. Après beaucoup de recherches, sa femme avait fini par le retrouver, et avait tout fait pour l'emmener avec elle; mais malgré l'intervention du colonel, du général, du préfet, il avait tenu bon et était resté soldat. Sa femme était restée quelque temps avec lui, mais son régiment étant parti pour Strasbourg, elle l'avait laissé pour aller habiter Nancy où elle était en ce moment. Il avait été l'y voir pendant quelques jours, mais n'avait été que contraint et forcé. Il avait fallu, m'a-t-on dit, le menacer de l'y faire conduire par la gendarmerie. Telle était l'histoire de mon pauvre camarade. Je l'avais connu bien braque, mais je n'aurais pas cru qu'il le fût devenu à ce point. J'essayai de lui faire la morale, lui conseillant de retourner avec sa femme et de quitter le service où il n'avait rien à prétendre : ce fut peine inutile, il ne voulut rien entendre, répétant sans cesse qu'il n'y avait que la vie de soldat qui lui convenait, qu'il ne pouvait être heureux qu'au régiment. Je lui fis mes adieux sans avoir pu le faire revenir sur sa résolution, et je ne sais ce qu'il est devenu, deux lettres que je lui écrivis depuis étant restées sans réponse.

Le lendemain, nous partions pour Erstein et Colmar, où j'ai pensé perdre mon petit garçon. Il fut fort malade et je crus un moment que je serais obligé de laisser en route ma femme et mon enfant; mais ma femme était courageuse, et ne voulait point m'abandonner. Elle redoubla de soins auprès de son petit qu'elle tint bien chaudement dans sa voiture et qui alla de mieux en mieux jusqu'à Belfort, où on lui donna des drogues qui le rétablirent entièrement.

A Besançon, je trouvai plusieurs de mes anciens camarades; je fus fêté par eux à qui mieux mieux. Il aurait fallu y rester trois ou quatre jours pour pouvoir les contenter tous, et nous ne faisions que séjour. Besançon, qui est une ville très forte, a la réputation d'être une des meilleures garnisons de France, aussi dit-on que la moitié de la ville est peuplée par d'anciens militaires.

Nous quittâmes cette ville avec la neige sur le dos. Nous étions au mois de décembre. Arrivés à Arbois, où l'on fit halte, on voulut se réchauffer en goûtant le vin du pays qui est très renommé. Mais beaucoup le goûtèrent trop et l'on arriva un peu gais à Lons-le-Saulnier. Le lendemain, nous étions à Bourg-en-Bresse, où j'allai visiter une très belle église (Notre-Dame de Brou) qui renfermait de superbes tombeaux. L'église servait alors d'écurie, mais les tombeaux, qui étaient dans le chœur, étaient bien conservés et les plus beaux que j'aie jamais vus.

*
* *

A Lyon, nous fûmes logés en ville, et pour le premier jour je n'eus pas de chance. Je changeai trois fois de billet de logement, et, n'ayant pas le temps de courir davantage, il fallut me résigner à être fort mal logé. Comme dans toutes les grandes villes où nous étions passés, la ville de Lyon offrait un banquet à nos officiers, et les soldats mêmes recevaient de quoi faire bombance. Il nous fallut faire musique pendant le dîner de gala, mais sitôt nos officiers levés de table, nous nous mîmes à leur place et l'on nous servit à notre tour un bon dîner où le vin était en abondance. Nous sortîmes de table la tête un peu échauffée et nous allâmes à la comédie où nous étions invités. Nous en sortîmes à onze heures, moi bien embarrassé pour retrouver ma femme. Je n'avais pas conservé mon billet de logement, mais je me rappelais heureusement le nom de la rue. Grâce à des musiciens de la ville, qui vinrent me conduire, je pus retrouver ma rue, et, à force de demander, mon logement, où je trouvai ma femme qui m'attendait fort inquiète.

Le lendemain, j'allai à la mairie pour obtenir un nouveau billet de logement. On m'en donna un en m'assurant qu'il était très bon; mais quand je me présentai, on me répondit qu'on ne pouvait loger et qu'on allait me mener à l'auberge. Cela ne faisait pas mon affaire, parce que les auberges étaient pleines, et, comme j'en fis l'observation, on me dit que je pouvais choisir, hôtel ou auberge, qu'on me conduirait où je désirerais. Je dis alors à la fille de chambre qui nous accompagnait de nous mener dans le voisinage des bureaux de diligence. C'est ce qu'elle fit, et nous fûmes fort bien reçus dans un hôtel où la place ne manquait pas. J'allai m'informer au bureau des diligences, pour faire partir ma femme et mon fils; mais nous fûmes trois jours sans qu'on pût nous assurer une place. Enfin on nous fit prévenir qu'il y en avait une et que la diligence pour Poitiers partait à trois heures du matin.

Il fallut faire ses préparatifs de départ et ce ne fut pas gai. Je ne pouvais me faire à l'idée de la séparation que j'avais reculée le plus possible. J'avais beau me dire qu'elle était nécessaire, que je ne pouvais emmener en Espagne, une femme enceinte de sept mois et demi avec un enfant de vingt mois: la pensée de nous séparer n'en était pas moins cruelle. Lorsque l'heure du départ arriva, il ne fallut point nous réveiller; car nous n'avions pas fermé l'œil de la nuit. Nous nous rendîmes à la diligence en versant bien des larmes, et l'instant fatal étant arrivé, il fallut se donner le baiser d'adieu.

La voiture partie, tout à ma douleur, je ne voulus point rentrer dans mon logement et je me promenai sur la place jusqu'au jour. J'y fus rencontré par le vaguemestre qui m'annonça que nous partions pour aller cantonner aux environs de Lyon. J'en fus fort content. Il me semblait que le calme de la campagne me ferait supporter plus patiemment l'absence de ma femme et de mon enfant. L'état-major fut cantonné à Sainte-Foix, à deux lieues de Lyon, au milieu d'un pays rempli de superbes maisons de campagne. Il me fallut prendre un camarade de lit. Je repris mon ancien. Notre billet de logement était pour une maison de campagne où nous ne trouvâmes personne. Le maire nous plaça alors dans une auberge au compte du maître de la maison. Nous y restâmes près de deux mois.

Dans cet intervalle, je reçus plusieurs fois des nouvelles de ma famille. Douze jours après son départ, ma femme me fit savoir qu'elle était arrivée en bonne santé à Poitiers, et qu'elle avait été bien reçue dans ma famille. Le 9 février 1809, elle mit au monde un garçon auquel on donna les noms de Philippe-Georges-Benjamin.

XII

CAMPAGNE D'AUTRICHE.

Passage du Rhin à Bâle. — A Fribourg. — A Krumbach, mon hôte me raconte comment un Français lui a sauvé la vie. — Ce Français c'était moi. — Un bon repas inattendu. — Nous allons à marches forcées à la rencontre de l'ennemi. — Les misères du bivouac. — Prise de Ratisbonne (23 avril 1809). — Nous sommes passés en revue par l'empereur. — A Straubing. — Passage de l'Inn. — A Lintz. — Combat d'Ebersberg (3 mai 1809). — Affreuse scène de carnage. — L'empereur distribue des récompenses au 26e léger. — Les ducats d'un mort. — A Saint-Polten. — A trois lieues de Vienne. — Explosion près du château de Schœnbrunn. — Entrée dans les faubourgs de Vienne (10 mai 1809). — Dans le Prater. — Bombardement de Vienne. — Capitulation (13 mai 1809). — Promenade dans Vienne. — Visite à Haydn. — Misère des Viennois.

L'ORDRE d'entrer en campagne arriva dans les premiers jours de mars, mais ce n'était plus en Espagne que nous allions, mais en Autriche. Guerre pour guerre, j'aimais mieux la faire aux Autrichiens qu'aux Espagnols. On nous fit refaire la même route que nous avions faite pour venir à Lyon, jusqu'à Belfort, où nous prîmes la route de Bâle en Suisse. Nous avions l'ordre de passer le Rhin à Brisach ; mais, le pont n'étant pas prêt, le général Molitor, qui commandait la division qui nous précédait, demanda le passage par Bâle. Les Suisses, invoquant les traités qui avaient reconnu leur neutralité, refusèrent de laisser passer les troupes françaises sur leur territoire, sans en avoir reçu l'ordre des autorités fédérales. Le général, impatient de passer, fit dire aux Bâlois que s'ils n'ouvraient pas leurs portes, il les ferait ouvrir à coups de canons. Et comme il l'aurait fait comme il le disait, on s'empressa de nous livrer passage et nous pûmes franchir le Rhin ; mais aucun soldat ne séjourna sur le territoire Suisse.

Nous entrions dans un pays que j'avais souvent parcouru avec l'armée de Moreau. La guerre y avait déjà une première fois apporté la dévastation ; sorti à peine de ses ruines, il lui fallait de nouveau supporter les charges d'une occupation militaire. Car dès que le Rhin fut passé, nous fûmes nourris chez les habitants, ce qui me permettait de faire des économies et d'envoyer de l'argent à ma femme. De Bâle, on nous dirigea sur Fribourg, grande et belle ville dont la cathédrale possède une tour presque aussi belle que celle de Strasbourg. A Donaueschingen, je vis où le Danube prend sa source, dans la cour du château. Après avoir passé à Masskich et Biberach, lieux illustrés par des faits d'armes où j'avais assisté, on nous fit cantonner dans un gros bourg de la Bavière, nommé Krumbach.

**

Je fus logé à Krumbach chez un bon bourgeois qui nous reçut avec plus d'égards que nous n'y étions habitués. J'en sus bientôt la raison. Il devait la vie à un Français, et voici ce qu'il me raconta : — « Lors de la dernière guerre, je servais dans un régiment de hussards autrichiens. A la bataille de Biberach, mon cheval fut tué et je reçus une balle dans la cuisse. J'étais étendu, sans pouvoir me relever, au milieu de la rue, où j'aurais péri infailliblement sous les pieds des chevaux de la cavalerie et de l'artillerie, lorsqu'un musicien de hussards français vint me relever, me traîna contre une maison, me donna une goutte d'eau-de-vie, ce qui me remit un peu, car j'étais presque sans connaissance. Puis frappant à la maison contre laquelle il m'avait déposé, il se fit aider de la femme qui vint ouvrir, et ne me quitta que lorsqu'il m'eut couché sur un lit. Il partit sans que je puisse lui témoigner ma reconnaissance autrement qu'en lui baisant les mains. Voilà sept ans de cela. Je n'ai fait qu'entrevoir mon libérateur ; mais, depuis que vous êtes ici, je ne cesse de vous regarder, et plus je vous regarde plus je trouve une ressemblance frappante avec celui qui m'a sauvé la vie, et n'était le costume je dirais que c'est vous. Avez-vous eu un frère musicien dans les hussards ? »

Pendant tout le cours de cette histoire, j'avais peine à cacher mon émotion ; car c'était bien moi qui étais le héros de cette petite aventure que j'avais presque oubliée : de pareils faits, bien naturels d'ailleurs, m'étant arrivés bien souvent. Surmontant enfin mon émotion, je finis par lui dire : — « Ce n'est pas mon frère qui vous a sauvé, c'est moi-même qui servais alors dans les hussards. En passant il y a deux jours à Biberach, j'ai reconnu la maison où je vous ai déposé. C'était un débit de tabac, et je me rappelle que la femme qui m'avait aidé à vous porter, me donna un paquet de tabac.... — Que vous vouliez payer, » interrompit mon hôte en me sautant au cou. Ce brave homme ne se connaissait plus de joie, il riait, il pleurait, il m'embrassait et ne savait comment me témoigner sa reconnaissance. Il fallut que sa jeune femme vint embrasser celui qu'il appelait son sauveur. Il répétait sans cesse à un petit garçon d'un an qu'il tenait dans ses bras : — « Regarde bien ce militaire, sans lui tu ne serais pas au monde », comme si l'enfant avait pu le comprendre.

Lorsqu'il fut un peu calmé, je lui demandai la suite de son aventure. — « L'armée française marchait si vite, me dit-il, qu'il me fut facile de me dissimuler pour n'être pas fait prisonnier. La femme qui m'avait recueilli me donna un lit et cacha mon uniforme. Au bout de deux jours, il n'y avait plus de Français dans le pays, et j'envoyai un exprès ici pour avertir mes parents de ma situation. Mon père vint de suite auprès de moi. Il aurait voulu me transporter chez lui, mais je n'étais pas en état de supporter la voiture. Il s'arrangea avec les maîtres de la maison où l'on m'avait recueilli, et j'y restai jusqu'à parfaite guérison. Puis je revins au pays, ici, où l'on ne songea pas à me réclamer. Depuis deux ans, je suis marié, et, vous pouvez me croire, je n'ai jamais laissé passer un jour sans songer à vous, sans prier le ciel qu'il vous conserve la vie, comme vous me l'avez conservée. »

Mon hôte avait souvent raconté son histoire à sa famille et à ses amis. Aussi dès que l'on sut que le sauveur, comme il m'appelait, était chez lui, ce fut comme une procession de visiteurs. Il fallait à tous raconter toujours la même histoire : c'eût été bien ennuyeux, si chaque récit n'avait été arrosé, à chaque répétition, d'une nouvelle bouteille de vin. Mon hôte était un riche paysan, qui n'épargnait rien pour me prouver sa reconnaissance. Aussi pendant tout le temps que nous restâmes chez lui, ce fut une noce continuelle. Mais il fallut bientôt partir et dire adieu aux bons repas. Si j'avais laissé faire ces braves gens, ils m'auraient chargé de vivres pour quinze jours. Je n'acceptai qu'un saucisson et une petite bouteille d'eau-de-vie, et je les laissai me comblant de toutes sortes de bénédictions.

**

Nous étions au 11 avril, et cependant il nous fallut partir dans la neige. A la première étape, nous fûmes logés vingt par maison et nous fûmes obligés d'attendre pour manger que le pain fût cuit. C'était un vilain début ; mais nous devions en voir de bien plus dures. Le lendemain, comme nous avions pris les devants, nous fîmes, sans nous y attendre, un fort bon repas. A moitié route, nous entrâmes dans une auberge pour y déjeuner, et nous y trouvâmes une table copieusement garnie. Un officier qui se disposait à partir nous dit : — « Mes amis, profitez du déjeuner que j'avais fait préparer pour les officiers de mon bataillon qui devaient faire halte ici. Je viens d'apprendre qu'ils ont reçu l'ordre de changer de route et je vais les rejoindre. » Nous ne nous fîmes pas prier pour nous mettre à table, et nous étions bien repus, lorsque notre régiment arriva. Nous cédâmes la place à nos officiers, qui crurent que c'était nous qui avions fait préparer le déjeuner et qui payèrent leur écot et aussi le nôtre sans s'en douter.

Le 20, toute la division était réunie à Lansberg, où nous restâmes cinq jours sur le qui-vive et nous entourant de retranchements. Les Autrichiens venaient d'entrer en Bavière et avaient commencé les hostilités. De Lansberg on nous dirigea sur Augsbourg, où nous arrivâmes à sept heures du soir. Là on nous distribua des vivres pour quatre jours, pain, viande et eau-de-vie, et à dix heures nous repartions avec ordre de ne nous arrêter que lorsque nous aurions trouvé l'ennemi. Nous fîmes ainsi vingt-huit lieues en trente-six heures, dans des chemins de traverse effondrés par l'artillerie et la cavalerie. Nous n'avions pas été cependant assez vite ; car nous arrivâmes le lendemain de la bataille.

Pour nous reposer, on nous envoya bivouaquer à une lieue de là, dans un endroit où il n'y avait ni bourg ni village, deux maisons seulement pour le quartier-général. Il tombait de l'eau et il faisait froid, mais pas moyen de faire du feu : on avait déjà ramassé tout ce qu'on avait trouvé de bois et de paille dans les environs. Nous nous réfugiâmes une douzaine dans une petite écurie et nous nous y couchâmes, sans souper, la fatigue nous ôtant l'appétit : nous aurions dormi le derrière dans l'eau. Notre logis avait un toit de paille ; mais à notre réveil nous nous trouvâmes à bel air : la paille et la charpente avaient été enlevées par des soldats, sans que nous nous en apercevions, tant nous dormions de bon cœur. Le général avait vu lui-même sa maison à moitié découverte et avait été obligé de mettre des factionnaires pour la protéger.

Dès le matin, on fit une distribution de pain, de viande et d'eau-de-vie, et nous nous mîmes à faire la soupe dans une vieille marmite que nous avions trouvée dans notre étable ; mais la soupe n'était pas encore trempée qu'il fallut partir pour Ratisbonne. On posta notre division à deux lieues de cette ville, dont l'attaque était dirigée par l'empereur Napoléon lui-même (23 avril 1809). Toute la journée nos soldats restèrent l'arme au bras entendant gronder le canon et pestant de ne pouvoir assister au bal. Le soir, on nous apprit que la ville avait été prise de vive force, et, le lendemain, on nous annonça que nous serions passés en revue par l'empereur sous les murs de Ratisbonne.

C'était la première fois que notre régiment se trouvait en présence de Napoléon. Comme tous les corps qui avaient fait partie des armées de Jourdan, Hoche, Marceau, Moreau, notre régiment n'avait pas été gâté par les faveurs impériales, il était bien pauvre en croix d'honneur. Le colonel le fit remarquer à l'empereur et celui-ci lui répondit : — « Si vous voulez des croix, vous en trouverez, avec vos baïonnettes, aux portes de Vienne, où nous serons dans quinze jours. » Il ne s'est trompé que de deux jours. Puis il fit quelques promotions dans le régiment. Comme il y avait un chef de bataillon à nommer, il fit demander le plus ancien capitaine. Celui-ci était resté en arrière, avec les fourgons, par suite de mal au pied. L'empereur ne voulut point attendre qu'on l'allât chercher, il fit appeler le suivant en ancienneté et le nomma commandant. Quelques minutes après arriva l'autre capitaine ; mais il était trop tard : il apprit ainsi à ses dépens qu'il fallait être sous les yeux du maître pour obtenir ses faveurs.

La distribution de vivres se faisant dans Ratisbonne, j'en profitai pour visiter la ville. J'y vis un grand désastre. Un pont magnifique était détruit, plusieurs beaux édifices étaient brûlés et tous les faubourgs incendiés ne formaient plus qu'un immense décombre. Les rues étaient encombrées de chariots brisés qui témoignaient du désastre des Autrichiens.

*
* *

L'armée autrichienne était coupée en deux. La moitié avait passé le Danube avec le prince Charles, on nous lança à la poursuite de l'autre moitié. Partis à onze heures, nous fîmes onze lieues sans nous arrêter, et nous arrivâmes à onze heures du soir à Straubing. On nous fit bivouaquer aux portes de la ville ; mais le quartier-général étant en ville, nous allâmes avec quelques camarades souper dans une brasserie où nous nous régalâmes de cette fameuse bière de Straubing, si célèbre dans toute l'Allemagne. Puis nous allâmes nous coucher dans un fenil : cela valait mieux encore que le bivouac.

Le lendemain matin, nous nous mettions à la poursuite de l'ennemi que nous poussâmes l'épée dans les reins jusqu'à Scharding, ville sur la frontière d'Autriche. Là il fallut nous arrêter. Tous les ponts sur l'Inn, qui sépare la Bavière de l'Autriche, avaient été détruits. Il fallut attendre qu'ils fussent rétablis et laisser passer deux corps d'armée avant nous. Cela dura deux jours, après quoi notre tour de marcher étant arrivé, nous nous mîmes en route par une pluie battante. Nous fîmes ainsi huit lieues dans des chemins qui étaient une véritable bouillie. La nuit venue, on nous fit bivouaquer dans un bois, n'ayant pour souper qu'une croûte de pain toute mouillée, et pour nous procurer de l'eau à boire, il nous fallut attendre plus d'une heure auprès d'un puits où toute notre division venait puiser.

Après avoir passé une nuit sous la pluie et sans sommeil, il fallut nous remettre en route. Arrivés près de Lintz, nous entendons le canon, et un aide-de-camp vint nous faire prendre le pas de charge. En traversant Lintz, nous vîmes arriver beaucoup de blessés, ce qui nous prouvait que cela chauffait non loin de nous. Le canon ronflait toujours, et, sur la route au-delà de la ville, on doubla le pas pour arriver à temps au bal. Mais tout à coup le canon cessa et on nous fit faire halte près d'un hameau où il y avait déjà dix mille hommes. Pas moyen d'aller chercher là quelque chose, il fallait rester au bivouac et tâcher d'y trouver quelques vivres, car nous avions grand'faim.

Nous étant procuré un morceau de viande, nous nous mîmes en devoir de faire la soupe dans un vieux chaudron que nous avions trouvé. Il fallut faire plus d'un quart de lieue pour trouver de l'eau, après quoi l'on mit le chaudron sur le feu ; mais on ne laissa pas au bouillon le temps de se faire. On trempa la soupe au bout de quelques heures, en ménageant bien le pain ; car nous n'avions qu'un pain pour quatre et on en avait bien mangé la moitié en attendant que la soupe se fasse. A moitié rassasiés, nous nous couchâmes autour du feu, cherchant dans le sommeil le repos de nos fatigues.

Au milieu de la nuit, nous fûmes réveillés par la fusillade et deux coups de canon. La division prit les armes et marcha à l'ennemi qui avait repris l'offensive. La veille, après un combat acharné, on l'avait chassé d'Ebersberg (3 mai 1809). Pendant le combat, le village avait été incendié et le feu s'étant mis aux ponts, une division qui avait passé la rivière se trouva alors isolée des autres corps et eut à supporter les attaques de toute l'armée autrichienne. On réussit assez promptement à rétablir les communications et à forcer l'ennemi à battre en retraite.

*
* *

Pendant ce temps, le malheureux village d'Ebersberg continuait de brûler. Comme le combat de la veille avait été très meurtrier, les maisons, les rues, les bords de la rivière étaient encombrés de morts et de blessés qui furent atteints par l'incendie, et, lorsque l'on put pénétrer dans le village, on n'y trouva plus que des monceaux de cadavres à demi brûlés. Le spectacle était si horrible, qu'on voulut en épargner la vue à l'armée ; on la fit défiler à droite du village, sur un chemin que l'on fit exprès. La curiosité me poussa à aller visiter cette scène de carnage. Jamais je n'ai rien vu de plus effrayant que ces cadavres grillés n'ayant plus aucune ressemblance humaine. Près de l'extrémité du village, il y en avait un tas qui bouchait l'entrée d'une rue : c'était un amoncellement de bras et de jambes, de corps informes à moitié carbonisés. A cette vue, le cœur me manqua, les jambes se dérobaient sous moi et je ne pouvais plus ni avancer ni reculer, restant malgré moi immobile à contempler cet affreux spectacle. Il y avait là plusieurs officiers et généraux que la curiosité avait eux aussi poussés là. Ils étaient comme moi atterrés. Des larmes roulaient dans tous les yeux et personne n'osait proférer une parole. Mon général me fit signe de me retirer. Je ne me le fis pas dire deux fois, et je m'éloignai de ce lieu de désolation. J'avais parcouru bien des champs de bataille, mais je n'avais jamais éprouvé autant d'émotion.

Je rejoignis mon régiment, dans la plaine, au-delà d'Ebersberg. Il faisait halte attendant des ordres. Pendant que nous étions au repos, l'empereur arriva pour faire des promotions au 26e léger. C'était un des régiments qui avaient été le plus éprouvé dans l'affaire de la veille, il fallait remplacer les pauvres grillés. Les manquants étaient nombreux depuis le sous-lieutenant jusqu'au commandant ; car pendant plus d'une demi-heure on n'entendit que battre des bans.

*
* *

Le temps s'était remis au beau, la marche était devenue moins pénible, attendu que nous ne faisions guère que quatre ou cinq lieues par jour. Mais il nous fallait coucher à la belle étoile, et puis les vivres manquaient souvent. Nous avions la paresse, nous musiciens, de ne pas porter de marmite avec nous, aussi fallait-il souvent nous passer de soupe ou attendre qu'une escouade de soldats eût terminé sa cuisine. Quelquefois, lorsqu'il n'y avait pas de distribution du tout, les soldats vivaient de maraude ; alors je me mettais à parcourir le camp, et comme j'avais beaucoup de connaissances parmi les sous-officiers, je mangeais la soupe avec l'un, buvais un coup avec l'autre en cassant une croûte, et de cette manière je ne souffrais pas trop de la faim, ce qui arrivait à beaucoup de nous.

Un jour que je m'étais éloigné du bivouac pour mettre culotte basse, dans un blé, je vis un Autrichien couché tout son long et qui paraissait dormir. Je m'approchai de lui et le remuai pour le faire lever. Mais je m'aperçus qu'il était mort : une balle lui avait traversé le corps. En rentrant au bivouac, je racontai cela à mes camarades et l'un d'eux, sur mes indications, partit pour aller voir le cadavre ; mais ce n'était pas la curiosité seule qui le poussait. Il revint avec une ceinture contenant cinq ducats d'or et quelque argent blanc qu'il avait trouvés sur le pauvre mort. C'est une triste besogne qu'il avait faite là, et l'idée ne m'en était point venue. Dépouiller les cadavres ne fut jamais mon fait. Et cependant à la guerre, c'est chose que l'on se permettait généralement sans scrupule. Beaucoup sont poussés par cette idée : « Si, moi, je ne le fais pas, un autre le fera : mieux vaut que j'en profite. » Quoi qu'il en soit, nous nous mîmes en devoir de vérifier si les ducats étaient de poids. La ville n'était qu'à un quart de lieue. Nous nous y rendîmes quatre. Nous nous fîmes servir un repas magnifique, où le vin d'Autriche ne fut pas épargné, et nous oubliâmes, en faisant bombance jusqu'au soir, les privations des jours précédents.

Le lendemain, on nous fit une distribution de biscuits. Il m'en revenait trois pour ma part. Je les mis soigneusement dans mon petit sac, me promettant bien de n'y toucher qu'en cas d'extrême nécessité. A mesure que nous avancions, les difficultés de la route devenaient plus grandes. Les Autrichiens, que nous poursuivions l'épée dans les reins, brûlaient tous les ponts pour retarder notre marche et détruisaient toutes les ressources du pays pour nous empêcher d'y vivre. Mais ils avaient beau faire, ils ne pouvaient arrêter notre marche sur Vienne. Notre division faisait partie du 4º corps d'armée, commandé par Masséna. Il n'avait pas encore été aux prises avec l'ennemi. On nous réservait sans doute pour la bonne bouche. En attendant, nous parcourions un pays dévasté, d'abord par l'ennemi, puis par les corps d'armée qui nous avaient précédés, de sorte que nous ne trouvions absolument rien dans les villages que nous traversions et qui étaient abandonnés par leurs habitants. Ce n'est qu'aux environs des villes que nous trouvions le nécessaire et que l'on nous faisait des distributions suffisantes. C'est ainsi qu'arrivés aux portes de Saint-Polten, on nous distribua du pain et de la viande.

C'était déjà quelque chose ; mais, pour faire la soupe, il fallait aller chercher du bois et de l'eau fort loin du bivouac, quand il était si facile, croyions-nous, de faire un bon repas dans la ville, qui n'était qu'à deux pas. Quelques camarades et moi nous nous y risquâmes. Aux portes, nous trouvâmes des factionnaires de la Garde ; car l'empereur et tout son état-major étaient logés à Saint-Polten. On nous laissa entrer sans trop de difficultés, les musiciens ayant à peu près carte blanche. Il s'agissait alors de trouver une auberge. Nous en trouvâmes un grand nombre ; mais tout était plein, et il nous fut impossible de nous faire servir quoi que ce soit, et de trouver à nous loger même pour notre argent. Passant devant la mairie, j'eus l'idée d'y entrer pour voir si je ne pourrais pas obtenir de billet de logement. Je fus un peu déconcerté en trouvant là un colonel, qui me demanda ce que je voulais. Je lui expliquai notre embarras pour nous loger et nous nourrir. — « Il paraît, me dit-il d'assez bonne humeur, que les musiciens n'aiment pas le bivouac. Combien êtes-vous ? — Nous sommes vingt-quatre musiciens du 93e ; mais nous ne sommes que six ici, les autres nous attendent à la porte de la ville. — Allons, pour que vous puissiez vous reposer et nous faire de bonne musique à notre entrée à Vienne, après demain, je vais vous donner des billets de logement. » On me donna quatre billets de logement de six, et, bien content, je remerciai le colonel et j'allai retrouver mes camarades. L'un d'eux alla au camp porter la bonne nouvelle à ceux qui y étaient restés, et chacun se mit en devoir de chercher son logement. Je trouvai dans le mien deux officiers de la Garde. L'un d'eux était un vieux militaire qui avait longtemps servi dans la même division que moi. Sitôt que la connaissance fut faite, il ne voulut plus me laisser. Il me fallut partager un dîner de prince à la table des officiers, et quand nous eûmes entonné le récit de nos campagnes, il n'y en avait plus que pour nous deux à parler. Tout en vidant quelques vieilles bouteilles de vin autrichien, nous nous remémorâmes toutes les misères et aussi toutes les gloires de l'armée du Rhin, et nous ne nous séparâmes qu'à minuit pour nous coucher sur des matelas par terre. Le matin, dès cinq heures, nous étions en route pour regagner le camp, après avoir partagé un très bon déjeuner commandé par nos officiers.

Le lendemain, nous étions à trois lieues de Vienne, bivouaquant dans un petit bois, lorsqu'on entendit une explosion formidable. Le bruit courut bientôt dans tout le camp que les Autrichiens avaient fait sauter le château de Schœnbrunn avec l'empereur Napoléon qui venait d'y établir sa résidence. La consternation régna alors dans tout le corps d'armée, et pendant trois heures on resta dans les transes, lorsque enfin un officier d'ordonnance vint nous apprendre ce qui s'était passé. Les Autrichiens avaient enterré quelques barils de poudre sur le chemin qui correspond du faubourg de Schœnbrunn au faubourg de Hongrie. Voyant passer un peloton de cavalerie et croyant que c'était l'empereur et son escorte, ils y avaient mis le feu. Mais personne n'avait été atteint. Tout le camp accueillit cette bonne nouvelle par un immense cri de « Vive l'Empereur. »

**

Le 10 mai, à neuf heures du matin, nous arrivions aux portes de Vienne, ou du moins aux portes de ses faubourgs, deux fois plus considérables que la ville elle-même. Les faubourgs n'étant pas fortifiés, nous entrâmes sans éprouver de résistance. On nous fit faire musique, à la tête du régiment, pendant la marche, à travers les rues, jusqu'à l'esplanade qui sépare les faubourgs de la ville proprement dite, seule entourée de fortifications. Là notre musique fut interrompue par les canons des remparts qui nous saluèrent à coup de mitraille. Nous nous empressâmes de nous mettre hors de portée, et pendant que notre régiment bivouaquait dans les rues, nous cherchâmes une auberge où nous pourrions nous restaurer. Nous en trouvâmes une sur la route de Hongrie, où il y avait déjà beaucoup de monde et où l'on nous servit de la bière et de la charcuterie.

Nous terminions notre repas, lorsque arriva, pour camper près de là, une division et le parc d'artillerie. En un instant la maison fut envahie, non par des consommateurs, mais par des pillards. La pauvre maîtresse d'auberge, qui nous avait servis avec beaucoup d'affabilité, assista de son comptoir à la dévastation de son établissement. Elle pleurait comme une Madeleine, ce qui n'empêcha pas qu'on vînt lui prendre son argent jusque dans ses poches. En moins d'un quart d'heure, la maison fut complétement nette et les habitants, craignant un plus mauvais sort, s'étaient enfuis vers la ville. De cette manière, et bien involontairement, nous n'eûmes pas à payer notre consommation.

Cependant la ville de Vienne ne s'était pas encore rendue. Un de nos généraux de brigade, qui avait été envoyé en parlementaire, faillit être assassiné par la populace. Couvert déjà de blessures, il aurait été infailliblement massacré, si un perruquier et sa femme ne l'avaient fait entrer dans leur maison où un piquet de nos soldats alla l'arracher des mains de ces furieux. Ordre fut alors donné de bombarder la ville. Notre division fut chargée d'aller occuper la célèbre promenade appelée le Prater. Mais il fallait passer le bras du Danube qui sépare cette promenade du faubourg, et tous les ponts avaient été détruits ainsi que les barques. Cependant dans leur précipitation les Autrichiens avaient oublié trois ou quatre petits bateaux. Après avoir balayé avec quelques coups de canons les postes qui se trouvaient en face de nous, sur l'autre rive, on fit embarquer quelques compagnies de voltigeurs et de grenadiers ; et la rive gauche occupée, et sous la protection de nos canons, on se mit en devoir de fabriquer un pont. Ce fut bientôt fait, et toute notre division franchit le Danube et alla camper dans le Prater et le faubourg de Leopoldstadt.

Toute la promenade était garnie de cafés, de guinguettes, de lieux de divertissement de toutes sortes. Il y avait même une salle de spectacle. Tout cela fut mis au pillage. Le camp devint bientôt comme une foire. Les soldats étalaient leurs marchandises qui comprenaient des objets de toutes sortes, des habits de comédiens, des robes de comédiennes, des instruments de musique, dont quelques-uns de grande valeur. Ces derniers objets me tentaient bien, j'aurais pu avoir pour un écu des instruments valant au moins dix louis. Mais je ne voulais pas m'embarrasser, j'avais assez de mon corps à traîner, et puis je n'aurais pas voulu qu'on crût que je les avais pillés moi-même.

J'achetai cependant, pour trente sous, une lunette d'approche, et pour l'éprouver je m'approchai du grand bras du Danube, qui était en cet endroit fort large, et je cherchais à découvrir sur l'autre rive les Autrichiens. Je les voyais si bien que je ne pus m'empêcher de faire quelques exclamations qui attirèrent l'attention d'un général du génie qui lui aussi examinait l'autre rive dans sa lunette. Il me demanda de lui prêter la mienne, et il la trouva si bonne qu'il me proposa de l'acheter. Je ne me souciais guère d'abandonner mon emplette ; mais il insista de telle sorte, que je finis par la lui céder pour un louis qu'il me paya sans marchander.

Une batterie d'obusiers avait été établie dans le Prater, et les obus lancés sur la ville avaient incendié les principaux hôtels et les principaux édifices. Pour éviter la destruction de la ville entière, les troupes autrichiennes abandonnèrent Vienne, et les habitants s'empressèrent de demander à capituler. La capitulation fut signée le 13 mai, et, le même jour, nos soldats occupèrent la capitale de l'Autriche. Pour nous, on nous logea dans un des faubourgs où nous étions tout un corps d'armée. Nous étions tous les uns sur les autres. Dans une seule habitation, nous étions une compagnie, les sapeurs et la musique, c'est-à-dire environ cent trente hommes. Et les habitants étaient obligés de pourvoir à nos besoins, de nous fournir à boire et à manger, et cela dura pendant cinq jours.

*
* *

Le lendemain, nous allâmes nous promener dans Vienne. Je trouvai la ville bien moins belle que ses faubourgs : il est vrai qu'une partie de ses monuments avaient été ruinés par le bombardement. Dans les rues, on ne trouvait que des soldats qui bivouaquaient, et les habitants, encore dans la consternation, n'osaient sortir de chez eux. En nous promenant, nous vîmes un café qui avait pour enseigne : *A la Parisienne*. Nous y entrâmes, mais nous eûmes beaucoup de peine à nous faire servir : c'était plein partout, l'enseigne avait fait fortune et pendant tout le temps que les Français restèrent à Vienne, la vogue continua et le maître de l'établissement fit, m'a-t-on dit, une fortune colossale. Je demandai à un garçon, qui parlait fort bien français, si dans le voisinage il n'y avait pas quelque curiosité. — « Tout le monde va voir, nous dit-il, un poteau où tous les maréchaux qui viennent en ville se croient obligés de planter un clou. » Il nous indiqua où était ledit poteau et nous allâmes le voir. Il avait environ cinq à six pieds de hauteur et deux pieds de circonférence, et était garni de clous de haut en bas, de sorte qu'il paraissait bien difficile de trouver de la place pour en mettre de nouveaux. Je crois qu'il aurait fallu passer huit jours au moins pour les compter. On nous assura que ledit poteau était aussi ancien que la ville. Ce pouvait être curieux, mais n'était guère précieux.

Si l'on ne voyait pas de Viennois dans les rues, en revanche les juifs y pullulaient. Ils harassaient les soldats pour leur demander s'ils avaient quelque chose à vendre, et j'assistai à plus d'un marché où ces coquins exploitaient l'ignorance de nos soldats. C'est là que je m'aperçus que le papier était la monnaie usuelle du pays et qu'un florin d'argent valait deux florins en papier. Jusque-là j'avais payé mes petites dépenses en argent au prix du papier et j'avais perdu la moitié. Je m'empressai de changer un écu de six francs pour lequel on me donna six florins en papier : le florin en argent vaut deux francs. Mais je ne tardai pas à regretter mon écu ; car le lendemain on nous paya un mois de solde en papier, en comptant le florin pour un franc.

Un de mes confrères, qui était déjà venu à Vienne, me dit qu'il savait où demeurait le célèbre Haydn, le père de la symphonie, et que, si je voulais, il m'y conduirait. Je ne demandais pas mieux ; mais pouvions-nous espérer d'être reçus, après tant de généraux et de maréchaux qui avaient tenu à honneur de visiter l'illustre musicien. Nous y allâmes quatre et, malgré nos craintes, nous fûmes bien accueillis. Il nous dit qu'il avait toujours grand plaisir à s'entretenir avec des musiciens ; mais qu'il craignait bien de ne pas avoir longtemps encore ce plaisir, vu qu'il se sentait bien affaibli. Il disait vrai, car il est mort dans la même année. On peut bien croire que la présence des armées françaises a abrégé ses jours ; car les habitants de Vienne ont éprouvé bien des misères.

On s'était emparé, pour les besoins de l'armée, de tous les magasins de blé et de farine, ainsi que des moulins. Aussi les boulangers ne se procurant que très difficilement des farines, ne pouvaient plus satisfaire aux besoins de la population, et j'ai vu, à la porte des boulangers, plusieurs centaines de personnes faire queue pour n'obtenir qu'une livre de pain. On était rationné comme pendant un siège, et beaucoup se passèrent de pain pendant plus de huit jours.

XIII

ESSLING. — L'ILE LOBAU. — WAGRAM.

Premier passage du Danube. — Je suis coudoyé par l'empereur, en entrant dans l'île Lobau. — Je dors sur une pièce de bois où est assis Napoléon. — Mon déjeuner au matin de la bataille. — Première journée d'Essling. — Je rôde autour du quartier-général de l'empereur. — Les boulets me forcent à déguerpir. — Nous tâchons de regagner l'île. — Les abords du pont sont encombrés de blessés. — Crue du Danube. — Deuxième journée d'Essling. — Tentatives inutiles pour gagner le pont. — La présence de l'empereur rétablit l'ordre. — Je parviens à franchir le pont. — Nous attendons que les ponts de la rive droite soient rétablis. — Je visite l'île. — Le pont est de nouveau détruit. — Nous sommes bloqués dans l'île. — Nous mangeons du cheval. — L'armée tout entière rentre dans l'île. — Un pain pour douze hommes. — Une chasse au cerf. — Moyens employés par les Autrichiens pour empêcher la reconstruction du pont. — Le portefeuille de l'empereur. — Faute de sel, on emploie la poudre pour le pot au feu. — Le pont est rétabli. — Je construis une baraque qui fait l'admiration de tout le camp. — Les ponts sur le Danube sont mis à l'abri d'accidents. — L'île Lobau est tranformée en une place forte. — Visite à Vienne. — Le maréchal Duroc s'empare de ma baraque. — Toute la Grande Armée se masse dans l'île. — Je revois mon ancien régiment. — Passage du Danube par la Grande Armée. — Retraite des Autrichiens sur Wagram. — Les musiciens restent dans l'île. — Bataille de Wagram (6 juillet 1809). — Panique dans l'île. — Nous rejoignons notre régiment. — Nous assistons à la victoire. — Poursuite de l'ennemi. — Armistice (11 juillet 1809). — La Grande Armée est dispersée dans ses retranchements. — A Budwitz, puis à Jaspitz. — A Sigard.

E 10 mai, tout notre corps d'armée reçut l'ordre d'aller se poster à deux lieues au-dessous de Vienne, sur les bords du Danube, qu'il s'agissait de franchir. Pour cela il fallait construire trois ponts : un premier pour passer dans une petite île, un second pour aborder dans l'île Lobau, et enfin un troisième pour passer de l'île Lobau sur la rive gauche. J'allai voir travailler aux ponts, et comme j'étais assis sur une pièce de bois, je vis arriver l'empereur qui se mit fort en colère, parce qu'il ne trouvait pas le premier pont terminé. Il ne restait plus que deux ou trois barques à placer. Il ne s'en alla que lorsque le pont fut terminé; et, comme quelques pièces de bois obstruaient encore le passage, et qu'on ne se pressait pas assez d'obéir à ses ordres pour les enlever, il distribua quelques coups de cravache et tout fut bientôt nettoyé.

Le 20, lorsque le pont qui reliait l'île Lobau à la petite île fut terminé, on fit avancer notre division.

En arrivant au pont, nous vîmes l'empereur qui en examinait les travaux. Mes camarades qui comme moi l'avaient reconnu, se mirent à plaisanter : — « As-tu vu le tondu ? — As-tu vu le petit caporal ? » Comme il n'avait pas sa redingote, et que sa toilette paraissait plus soignée que d'habitude, je dis : — « Il s'est mis en toilette pour le grand bal qu'il va donner demain aux Autrichiens. » Comme je prononçais ces paroles, je me sens heurter. C'était l'empereur qui me poussait pour passer devant moi. J'aurais bien voulu avoir mes paroles dans le ventre ; mais il ne dit mot et se mit à sourire, ce qui lui arrivait rarement, et nous entrâmes dans l'île Lobau, avec l'empereur, au milieu de notre musique.

Nous traversâmes toute l'île, qui a bien deux lieues d'étendue, et l'on nous posta en bataille derrière un petit bois où nous passâmes la nuit pendant que les voltigeurs et les grenadiers, dont on forma des bataillons, passaient sur des barques le troisième bras du Danube, pour protéger la construction du troisième pont auquel on travaillait avec la plus grande activité. Je m'étais couché près d'un feu qu'avaient allumé les travailleurs et je fis un petit somme. A mon réveil, je me trouvai le plus proche voisin de l'empereur. Il était assis sur une pièce de bois qui me servait d'oreiller. Très étonné de n'avoir pas été dérangé, mais effarouché d'un pareil voisinage, je ne savais comment me tirer de là. Je fis comme si je n'avais rien vu, je me retournai et feignis de dormir. J'écoutais de toutes mes oreilles ce que l'on pouvait dire, mais je n'entendis rien d'intéressant. On ne s'occupait que de faire diligenter les ouvriers pour la confection du pont.

De temps en temps l'empereur s'appuyait sur ses deux mains et faisait sans doute un petit somme ; puis il s'informait si l'ouvrage avançait. Sur les deux heures du matin, il alla s'assurer par lui-même de l'état des travaux, et il dit aux ouvriers : — « Si dans deux heures le pont est fini, il y a deux cents napoléons pour vous autres. » Sous l'œil du maître, on fit des prodiges. Tout le monde travaillait : officiers, généraux étaient dans l'eau presque jusqu'au cou. A trois heures et demie tout était prêt et à quatre heures du matin (21 mai 1809) nous abordions l'autre rive, l'empereur et tout son état-major à notre tête. En débouchant du pont, nous entrâmes dans une plaine superbe. J'entendis le prince Berthier dire à l'empereur : — « Voilà une magnifique salle de bal. Nous allons y faire danser les Autrichiens. » Pour cette fois il s'est trompé. Il y a bien eu danse, mais c'est nous qui avons payé les violons.

*
* *

Notre régiment ayant pris position à droite du village d'Essling, j'allai à la découverte pour tâcher de trouver quelque nourriture ; car j'avais mangé mon dernier morceau de pain le matin et il ne devait pas y avoir de distribution avant le soir. Je trouvai un bidon de graisse ; puis, comme dans le village il y avait beaucoup d'oies qui avaient été plumées et vidées par les premiers arrivants, je ramassai, parmi les débris, des foies et des cœurs qu'on avait dédaignés et qui furent pour moi les éléments d'un bon fricot où la graisse ne manquait pas. Un de mes confrères avait trouvé de la farine, nous en fîmes une galette que nous fîmes cuire dans la cendre. Notre festin, quoique bien modeste, attira cependant des convives. L'adjudant-major et l'adjudant sous-officier, qui n'avaient rien à se mettre sous la dent, vinrent nous demander de partager notre repas. Nous avions grand'faim, aussi nous n'attendîmes pas que la galette fût cuite ; nous la mangeâmes en pâte et en doublant les bouchées de fricot.

Nous finissions notre festin, quand le premier coup de canon se fit entendre. L'adjudant-major courut reprendre son poste, et l'adjudant qui était un de mes pays, me fit ses adieux en m'embrassant, disait-il, pour la dernière fois. Il avait le pressentiment qu'il n'en reviendrait pas. Pendant trois mois, on le crut mort, mais il n'était que prisonnier. Moins heureux fut un de mes intimes amis, un sergent-major, qui lui aussi avait des idées noires, et qui nous répétait souvent qu'il ne verrait pas finir la campagne. Un boulet de canon le coupa en deux, quelques minutes après que je lui eusse serré la main.

Dès les premiers coups de canon, la plupart de nos confrères s'empressèrent de repasser le Danube. Six de nous seulement restèrent avec l'armée, malheureusement pour nous ; car si nous les avions suivis nous nous serions épargné bien des misères. Pour nous garantir des boulets, nous nous retirâmes dans le village d'Essling. Au milieu du village, un aide-de-camp vint à moi et me demanda si je n'avais pas vu le maréchal Lannes. Un moment après le prince Berthier arrivait au galop demandant lui aussi après le maréchal. A l'instant, je le vis qui traversait un verger. Je le montrai au prince qui, piquant des deux, alla le rejoindre, et le ramena pour le conduire à l'empereur qui était de l'autre côté du village. C'est la dernière fois que je devais voir le maréchal Lannes qui, le lendemain, eut la cuisse emportée par un boulet et qui mourut quelques jours après à Vienne (31 mai 1809).

J'étais monté au grenier d'un bâtiment fort élevé, qui servait de magasin de grains. De là je découvrais tout le champ de bataille. Je pus constater que l'ennemi avait des forces bien plus considérables que les nôtres. Les Autrichiens avaient trois lignes, l'une derrière l'autre, tandis que nous n'en avions qu'une, encore nous ne garnissions pas tout notre terrain. Ils étaient bien cent mille, contre nous trente mille, mais des troupes débouchaient sans cesse du pont du Danube, cela me rassura. J'étais loin de me douter que les renforts, dont nous avions tant besoin, allaient être arrêtés par la rupture des ponts, et que la Grande Armée allait être coupée en deux. Comme les boulets menaçaient de venir me trouver dans mon observatoire, je m'empressai de descendre. Je trouvai en sortant un bataillon qui venait occuper la maison. Il se livra là un terrible combat, qui ne fut pas à notre avantage. Au bout de deux heures, le bataillon fut obligé d'abandonner sa position après avoir fait des pertes considérables.

Abandonnant le village, où il faisait trop chaud pour moi, je me dirigeai du côté du quartier-général de l'empereur, pensant que là je serais moins en danger. Mais je n'y arrivai pas sans baisser souvent la tête, les boulets sifflant de tous côtés. L'empereur et son état-major étaient dans un petit fond près d'une tuilerie. Un général ou un maréchal, je ne pouvais d'où j'étais distinguer les insignes, était monté dans les bâtiments de la tuilerie, et de là suivait les divers incidents de la bataille. Il en informait l'empereur qui était au-dessous et qui d'après cela donnait des ordres qu'allaient porter dans toutes les directions, au triple galop, une nuée d'aides de camp. J'aurais bien voulu m'approcher plus près pour entendre ce que disait le patron ; mais il ne fallait pas songer à franchir le cercle que formaient autour du quartier-général les chasseurs de la Garde. Un boulet qui vint en ricochant s'enfoncer en terre, presque à mes pieds, me fit abandonner la place et me guérit de ma curiosité. Je m'empressai de me mettre hors de portée du canon en me dirigeant du côté du Danube.

*
**

Je trouvai là mes camarades qui m'apprirent qu'ils avaient essayé en vain de franchir le pont, qui était exclusivement réservé au passage des blessés. Il y avait en faction, sur le pont, un maréchal et plusieurs généraux qui avaient pour consigne de ne laisser passer aucun soldat valide. Avec de tels factionnaires, il n'y avait pas à parlementer. Toute la rive était encombrée de blessés qui y avaient été déposés en attendant leur passage dans l'île. Tous ces blessés avaient fait sortir de l'armée beaucoup de soldats qui, pour se tirer du danger, se mettaient trois ou quatre à porter un blessé. C'étaient ceux-là surtout qu'on voulait empêcher d'entrer dans l'île, dont ils ne seraient plus sortis. Mais on avait beau leur ordonner de rejoindre leurs corps, ils se faufilaient au milieu de la foule des blessés et augmentaient le désordre qui était à son comble, lorsque le soir vint.

Il n'y avait point de service d'ambulance organisé et l'on n'entendait partout que les cris des blessés appelant au secours. Mes camarades et moi nous nous mîmes en devoir de soulager autant que nous le pouvions les pauvres moribonds. Il y avait là un capitaine de grenadiers qui avait l'épaule emportée par un boulet. C'est par lui que je commençai, quoiqu'il n'y eut pas d'illusion à se faire sur son sort ; mais le pauvre malheureux endurait de telles souffrances, que je voulus essayer de le soulager. Je dépouillai de leurs chemises plusieurs morts qui étaient parmi les blessés, et avec mon couteau j'en coupai des bandes. Nous avions une gamelle de fer-blanc dans laquelle nous allâmes chercher de l'eau. Je lui lavai sa plaie, puis je la lui bandai le mieux que je pus. Il se trouva un peu soulagé, mais ce ne pouvait être pour longtemps.

Nous pansâmes ainsi, pendant la nuit, une vingtaine de blessés ; mais notre plus grand ouvrage fut de donner à boire à ces pauvres malheureux, à qui la soif faisait sortir la langue de la bouche. Nous n'avions d'autre vase que notre gamelle, qui nous servait alternativement à laver leurs plaies et à leur donner à boire de l'eau toute boueuse.

On avait amené près de nous un convoi de prisonniers autrichiens. Plusieurs avaient des bidons. Je leur ordonnai d'aller les remplir et de donner à boire à leurs blessés ainsi qu'aux nôtres, car nous ne pouvions pas suffire. Mais je m'aperçus bientôt qu'à la faveur de la nuit, tous les prisonniers valides s'enfuyaient : il n'y avait personne pour les garder. Je résolus d'aller en prévenir un général qui était près du pont ; mais le Danube venait de déborder, et pour arriver jusqu'au général, je fus obligé de me mettre à l'eau jusqu'aux genoux. Le général qui était de fort mauvaise humeur, me reçut fort mal. — « Qu'ils aillent au diable, me répondit-il, cela ne me regarde pas », et il me tourna le dos. Je fus bien fâché de m'être mis à l'eau pour obtenir une aussi belle réponse. Je retournai près de mes camarades, et toute la nuit se passa à soigner les blessés, sans qu'aucun de nous songeât à dormir.

A la pointe du jour, je montai sur une petite éminence, et je ne vis autour de moi qu'un amas de blessés, couchés presque les uns sur les autres, et sur la route une foule de cavaliers et de fantassins qui cherchaient à gagner le pont ; mais la route était tellement encombrée que personne ne pouvait plus avancer. La crue du Danube ayant augmenté, les abords du pont étaient devenus impossibles. Il fallait attendre qu'on l'eût rendu de nouveau praticable. Sur ces entrefaites, nous apprîmes que les ponts qui reliaient l'île Lobau à la rive droite avaient été emportés.

*
* *

Cependant la bataille avait recommencé sur la rive gauche, et le canon grondait avec plus de furie encore que la veille. Mais nous ne pouvions plus nous faire illusion sur l'issue du combat. Nous savions que Napoléon ne pouvait plus recevoir aucun secours : un corps d'armée tout entier était resté sur la rive droite ainsi que le grand parc qui contenait toutes les réserves de munitions. Nous nous attendions donc à être faits prisonniers ou à être obligés de nous jeter dans le Danube. Pour moi, qui ne savais pas nager, je me faisais difficilement à cette dernière alternative. C'est dans ces idées fort peu gaies que la faim se fit sentir. Je n'avais pas mangé depuis bientôt vingt-quatre heures, et l'eau que j'avais bue n'avait fait que m'affaiblir. Personne de nous n'avait un morceau de pain. Moi j'avais encore dans mon petit sac deux biscuits que je gardais précieusement depuis deux mois. Il fallut en sacrifier un. J'en distribuai un morceau à chacun de mes camarades, mais bien en cachette ; car si les malheureux blessés m'avaient vu, ils m'auraient assailli de leurs demandes, et il m'aurait été bien cruel d'entendre leurs supplications sans pouvoir y satisfaire.

Toutes nos préoccupations se portèrent sur les moyens d'atteindre le pont et de nous tirer le plus tôt possible de la bagarre. Je résolus de tenter l'aventure en suivant le même chemin que j'avais pris la nuit pour aller parler au général. Mais la crue du Danube avait augmenté, et, pour arriver par là au pont, il aurait fallu me mettre à l'eau jusqu'au cou. Un certain nombre de blessés avaient déjà été entraînés par le courant, je ne me souciais pas de suivre leur sort. J'essayai de prendre un chemin plus direct en enjambant de blessé en blessé. J'avais déjà fait un bout de chemin et je me trouvais parmi la foule, lorsqu'il vint une poussée qui me renversa sur un pauvre blessé qui avait la jambe cassée. A peine relevé, je fus jeté sur un autre. Les plaintes déchirantes des pauvres malheureux qu'on foulait ainsi aux pieds me firent tant de peine, que je renonçai à continuer l'aventure et que je retournai près de mes camarades. Je remontai en observation sur un petit monticule et j'aperçus de l'autre côté du pont une barque qui passait des militaires. Je me dirigeai de ce côté, et après avoir failli plusieurs fois être étouffé dans la foule, je parvins à peu de distance de la barque. Mais je m'aperçus qu'elle ne passait que des officiers ayant des jambes ou des bras cassés.

Sur ces entrefaites, l'empereur arriva pour s'assurer par lui-même si l'on pouvait rétablir les communications entre la rive droite et la rive gauche. Sa présence ramena un peu d'ordre dans la cohue qui se pressait toujours sur le chemin du pont. Des chasseurs et des grenadiers à cheval de la Garde en gardaient les abords. Je remarquai que leurs chevaux n'avaient de l'eau que jusqu'au ventre. J'entrai dans l'eau et je me faufilai tout doucement entre les chevaux ; puis, arrivé près du pont, je mets ma main sur la croupe d'un cheval et je saute sur le pont. Je passe devant trois ou quatre habits brodés, que je salue très humblement, et qui me laissent passer sans dire mot.

*
* *

Ce n'était pas sans tribulations de toute espèce que j'avais pu enfin aborder dans l'île Lobau. Arrivé à l'autre bout du pont, et bien content, je fis signe à mes camarades qui attendaient le résultat de ma tentative, pour suivre le même chemin. Nous ne tardâmes pas à être réunis et nous nous mîmes en route pour gagner l'autre pont. Quelle ne fut pas notre surprise lorsque étant arrivés, nous vîmes que le pont n'était pas encore rétabli. Comme aux abords de l'autre pont, mais dans un espace moins resserré, il y avait là une grande quantité de blessés et de mourants, couchés par terre, sans soins d'aucune sorte, et attendant qu'on les transportât sur la rive droite. Nous trouvâmes là beaucoup de soldats de notre régiment qui avait été fortement éprouvé. Ils nous demandèrent comment cela allait de l'autre côté. Pour ne pas les attrister, nous leur disions que tout allait bien.

En attendant que le pont fût réparé, j'allai faire ma découverte de l'île. J'y trouvai l'empereur qui avait l'air fort ennuyé et qui allait souvent voir si le pont était terminé. C'était aussi l'objet de mes préoccupations ; car j'avais le pressentiment que nous ne sortirions pas de sitôt de l'île Lobau, et ce qui me tranquillisait peu, c'est que l'on racontait que, dans la guerre avec les Turcs, les Autrichiens avaient fait mourir de faim, dans cette île, toute une armée turque.

Lorsqu'il n'y eut plus que deux barques à placer, et nous fûmes sûr que le pont allait s'achever, nous prîmes deux blessés de notre régiment, qui avaient la jambe cassée, et nous les approchâmes le plus que nous pûmes du pont, mais nous en étions encore assez éloignés ; car il y en avait des quantités arrivés avant nous et qui occupaient un espace considérable. Il nous fallut encore attendre une heure pour que le pont fût terminé. A peine était-il ouvert et les premiers blessés engagés sur le pont, qu'une nouvelle catastrophe vint arrêter le passage.

Un bateau chargé de pierres, lancé par les Autrichiens des îles qui se trouvent au-dessus de l'île Lobau, vint par un fort courant heurter notre pont qui sur le coup fut emporté. Aux cris de sauve-qui-peut, le pont qui était alors encombré de blessés, donna le spectacle le plus affligeant. Ces malheureux blessés, abandonnés de ceux qui les portaient, jettent des cris déchirants, retrouvent cependant des forces pour échapper au danger. Tel qui, un moment auparavant, n'aurait pu faire un pas, se met à courir pour arriver dans la petite île ou pour retourner dans l'île Lobau. Tous couraient et, chose extraordinaire, tous furent sauvés. Il ne restait plus sur le pont, au moment où il fut emporté, que six pontonniers qui étaient restés pour tâcher d'arrêter la barque de pierres. Ils furent emportés sur les débris du pont ; mais le courant les fit échouer sur la rive droite que nous occupions. De sorte que personne ne périt. Mais nous étions bloqués dans l'île, sans vivres et sans espoir d'en avoir d'ici longtemps.

*
* *

Tout le monde était dans la consternation, depuis l'empereur jusqu'au dernier soldat. On ne se gênait pas pour lancer des épigrammes contre Napoléon et son état-major qui, avertis par une première catastrophe, n'avaient pas su en éviter une seconde. Mais des épigrammes ne pouvaient remplacer la nourriture, et j'avais l'estomac bien vide et le corps bien faible. Il me restait la moitié d'un biscuit. Je le partageai avec mon camarade, ce qui ne fit qu'aiguiser notre appétit, puis j'allai à la découverte. Je trouvai des soldats qui étaient en train de dépecer un superbe cheval de cuirassier. Je me mis de la partie, et, comme j'avais un bon couteau, je parvins à enlever un beau morceau de la cuisse. Je courus montrer à mes camarades ma provision qu'ils auraient prise pour de la viande de bœuf, si j'en avais enlevé la peau. Il s'agissait de la faire cuire ; pour cela il fallait un vase quelconque, et nous n'avions rien. On chercha, et l'un de nous apporta une espèce d'arrosoir qu'il avait trouvé sur le sac d'un soldat mort. Nous fîmes du feu, et au bout de deux heures, nous nous mîmes à manger notre viande à moitié cuite et sans sel. Ce n'était pas bon, et j'en mangeai bien à contre cœur, mais la faim fait surmonter bien des dégoûts.

Pendant la nuit, toute l'armée qui avait combattu pendant deux jours à Essling, rentra dans l'île. Napoléon, privé de ses réserves et de ses munitions, avait été obligé de donner l'ordre de battre en retraite. Dès le matin, j'allai revoir mon régiment et je trouvai mon colonel qui était éreinté. Il était tombé deux fois de cheval et il ne pouvait plus se tenir debout. Il me dit que son régiment avait beaucoup souffert et que ses deux bataillons avaient beaucoup de blessés. Il m'apprit la mort de plusieurs de mes amis et en particulier de l'adjudant qui avait déjeuné avec moi le premier jour de la bataille d'Essling. On avait trouvé son schako percé d'une balle à la hauteur du front. C'est ce qui avait fait croire à sa mort. Mais il n'était que prisonnier. En portant un ordre, au milieu de la nuit, au second bataillon, il s'était trouvé enveloppé par de la cavalerie autrichienne, et, dans la bagarre, il avait perdu son schako qui, par terre, avait reçu une balle, ce qui avait fait croire à la mort de son propriétaire.

Toute l'armée était réunie dans l'île : c'était une fourmilière de soldats, et pour nourrir tout cela pas une miche, rien que de la viande de cheval. Nos malheureux soldats, qui venaient de se battre pendant deux jours de suite, furent obligés, pour ne pas mourir de faim, d'abattre une partie de leurs chevaux de selle et de trait. Quant aux pauvres blessés, la moitié au moins succombèrent faute de secours. On nous avait annoncé que nous allions recevoir des barques de pain, aussi j'étais souvent au bord du Danube pour voir si elles n'arrivaient pas. Sur le tantôt, j'aperçus à travers les arbres un pavillon tricolore qui paraissait s'avancer sur l'eau. J'en avertis un général qui, avec sa longue-vue, distingua que c'était une barque, une barque de pain qui se dirigeait de notre côté. A cette nouvelle ce furent des cris de joie sur toute la rive. Mais il fallut prendre de grandes précautions pour le débarquement ; car sans cela tout eut été bien vite pillé par la foule des affamés. Cependant en triplant la garde et les factionnaires, on parvint à faire la distribution par régiment. Mais la part de chacun n'était pas lourde. On donnait un pain pour douze hommes. Heureusement que notre camarade, qui alla à la distribution, put se faire donner deux pains pour toute la musique, en affirmant que nous étions tous présents, alors que nous n'étions plus que six. Le pain arriva au moment où nous allions sortir notre morceau de cheval de la marmite. Un soldat nous avait donné du sel à la condition de partager notre repas, le bouillon avait bonne mine et bonne odeur. Nous résolûmes de tremper une soupe. Nous avions toujours notre gamelle, qui nous avait servi à panser les plaies des blessés : elle nous servit de soupière. Cette soupe bien chaude nous réconforta délicieusement et nous permit d'épargner notre pain qu'il fallait ménager ; car les distributions étaient rares et les rations bien minimes. Aussi chacun gardait son pain, quand on en avait, comme la prunelle de ses yeux. Celui qui avait l'imprudence de laisser son sac pour aller se promener, était certain de ne plus trouver à son retour le pain qu'il y avait mis. J'ai vu rouer de coups et laisser presque mort un prisonnier autrichien qui avait volé un morceau de pain sur le sac d'un soldat qui dormait. Il était bien excusable cependant, car on n'avait fait aucune distribution aux prisonniers depuis qu'ils étaient dans l'île. J'en vis qui mangeaient de l'herbe et d'autres qui râclaient avec un couteau les os de cheval que nos soldats avaient abandonnés après en avoir ôté la viande.

Je n'avais pas dormi depuis deux ou trois jours, je voulus prendre un peu de sommeil. Je me couchai au pied d'un arbre, ayant mon petit sac pour oreiller, afin de garantir le morceau de pain qui me restait. Au bout d'une demi-heure, je fus réveillé par des coups de fusils, et, voyant beaucoup de soldats courir, je me mis à courir aussi. J'assistai alors à une chasse fort inattendue, une chasse au cerf. Il y avait dans l'île un parc, clos de palissades. Ces palissades ayant été en partie enlevées par les soldats pour faire du feu, une troupe de cerfs s'échappa par une brèche et fit invasion dans le camp. Accueillis à coups de fusils, et poursuivis de toutes parts, ils se jetèrent à l'eau, et c'était vraiment un joli coup d'œil de voir tous ces cerfs, portant majestueusement leurs bois, et nageant comme des canards. Quelques-uns tombèrent sous les coups de nos soldats ; mais le plus grand nombre s'échappa sur la rive gauche du Danube. Tout le parc qui appartenait, disait-on, à l'ambassadeur de Russie et qui pour cette raison avait été épargné pendant quelques jours, fut bientôt nettoyé de tout son gibier. Il ne contenait qu'une maison, celle du garde, qui fut occupée par le maréchal Masséna, qui commandait notre corps d'armée.

*
**

J'allais souvent me promener aux bords du Danube, pour voir s'il n'arrivait point quelques bateaux de vivres, et aussi pour m'assurer si les travaux du pont avançaient. Il n'était rien resté de l'ancien, et, par tous les moyens, l'ennemi cherchait à en entraver la reconstruction. Il lançait de tous les bras du Danube, au-dessus de l'île Lobau, des engins de toutes sortes, bateaux chargés de pierres, brûlots, radeaux ayant à leur avant des faux tranchantes, pour couper les amarres du pont. Un moulin tout entier fut amené par le courant. Mais instruits par l'expérience, nos pontonniers ne se laissaient plus surprendre. Des marins avaient été postés de distance en distance dans des barques en amont du pont. Ils jetaient des grappins sur tout ce qui descendait le Danube, et venaient l'amarrer le long des rives. Grâce à ces précautions, on put alors travailler tranquillement au pont. Pourquoi n'avait-on pas pris ces précautions quelques jours plus tôt ? C'était bien simple cependant. Nous n'aurions pas été obligés de battre en retraite après une victoire. Nous ne serions pas restés affamés pendant quatre jours et réduits à manger du cheval. Passe encore le premier accident, attribué en partie à la crue des eaux ; mais c'était une leçon qui aurait dû faire prévoir et empêcher la seconde débâcle. Une pareille imprévoyance nous montre que les plus grands généraux ne songent pas à tout.

Etant sur la rive, j'assistai à une scène assez curieuse. Un valet de pied de l'empereur, monté sur une petite nacelle, vint aborder dans l'île pour y chercher le portefeuille de l'empereur. Celui-ci avait repris sa résidence au château de Schœnbrunn. Deux généraux qui se promenaient sur les bords du Danube, voulurent s'emparer de la nacelle, et forcer les bateliers à mettre au large, mais ceux-ci refusèrent, disant qu'ils attendaient le portefeuille de l'empereur et qu'ils ne partiraient pas sans cela. Sur ces entrefaites arriva le valet de pied, qui intima l'ordre aux généraux de sortir de la nacelle. Ceux-ci essayèrent de résister, en disant, ce qui était vrai, que la nacelle pouvait facilement porter cinq ou six hommes. Mais ils eurent beau dire, il fallut céder la place au valet ou plutôt à son portefeuille.

Nous étions toujours au régime de la viande de cheval. N'ayant plus de sel, un de nos camarades, chargé du pot-bouille, eut l'idée de le remplacer par deux ou trois cartouches : le salpêtre de la poudre devant tenir lieu de sel. Je ne goûtai point ce nouveau genre d'assaisonnement. Le bouillon était comme du cirage, et j'eus beau gratter la viande pour enlever la couche de noir, il me fut impossible de l'avaler. Je fus forcé de manger mon pain sec. En faisant une tournée dans le camp, nous parvînmes à nous procurer presque la moitié d'une cuisse de cheval qui avait une mine charmante, on la mangeait des yeux et avec cela, ce qui était aussi précieux, une bonne poignée de sel. Nous voilà de nouveau à mettre notre arrosoir au feu, avec beaucoup de viande et peu d'eau, pour que ce fut plus vite cuit. Mais il fallut rester plusieurs en faction autour de la marmite, sans quoi elle nous aurait été volée.

Sur ces entrefaites, le pont s'achevait. Dès que les communications furent rétablies, nous vîmes arriver nos camarades qui étaient retournés à Vienne avant la débâcle. Ils nous apportaient des vivres, du pain, de l'eau-de-vie. Je n'ai pas besoin de dire avec quelle joie le tout fut reçu. Nous fîmes un bon repas et une bonne goutte d'eau-de-vie nous fit presque oublier nos misères. Des vivres en abondance arrivèrent au camp et l'on fit évacuer les malades, les blessés et tout ce qui ne devait pas rester dans l'île.

Tout notre corps d'armée garda ses positions dans l'île Lobau ; mais les soldats, quoique les distributions de pain, viande, eau-de-vie et même de vin fussent abondantes, ne voulurent pas s'en contenter. Ils passèrent en grand nombre sur la rive droite, et, allant en maraude, rapportèrent au camp de la volaille, des moutons, des barriques de vin. Ce fut alors une véritable bombance. Aux jours de misère succédaient des jours de joie, et, dans tout le camp, on n'entendait plus que des chants joyeux. Mais la bombance ne fut pas de longue durée. On mit des factionnaires au pont et personne ne put désormais passer qu'avec une permission.

***

Comme je prévoyais bien que nous ferions un long séjour dans l'île Lobau, je me mis en devoir de faire une baraque. Personne ne voulut m'aider, mon camarade lui-même se moquait de moi, disant qu'il était inutile de se donner tant de peine, pour le peu de temps que nous avions à rester. Il se trompait ; car nous sommes restés dans l'île quarante-trois jours. Je me procurai, dans les chantiers des travaux du pont, une pelle et une pioche. Je creusai un trou de huit pieds de long, quatre pieds de large et un pied et demi de profondeur. Avec des branchages entrelacés, je fis les murs de mon habitation, et je recouvris la charpente du toit d'un grand drap plié en quatre que j'avais trouvé dans l'ancien bivouac de la cavalerie et qui avait servi à être mis sur le dos d'un cheval blessé. Je me trouvais ainsi à l'abri de la pluie. Il ne me restait plus qu'à me procurer un lit. Je n'avais point de paille à ma disposition. J'allai ramasser des feuilles sèches et du houblon sauvage et j'en fis un épais tapis sur lequel je m'étendis et fis un bon somme, jusqu'à ce que mon camarade vînt me réveiller pour souper.

Lorsqu'il me vit si bien installé, il eut bien regret de ne m'avoir pas aidé ; car il craignait que je lui défendisse l'entrée de mon palais. Aussi pour m'amadouer, comme il avait passé la journée à jouer, et que la fortune lui avait été favorable, il alla acheter à une cantinière quelques bouteilles de vin et un beau morceau de fromage. Un autre camarade apporta une bonne goutte, et après avoir arrosé copieusement notre baraque, nous nous y couchâmes tous trois. Il y avait longtemps que nous n'avions si bien reposé et surtout aussi tranquillement.

Le lendemain, j'enjolivai encore mon habitation, en élevant sur le devant un petit berceau, et, de chaque côté, deux bancs de gazon que j'avais soin d'arroser tous les jours, pour les conserver bien verts. Enfin je m'imaginai de creuser un puits, l'eau du Danube étant souvent trouble. Avec ma gamelle, je creusai la terre qui n'était que du gravier, jusqu'à cinq pieds de profondeur, où je trouvai de l'eau très claire. Il fallait alors agrandir le trou et le consolider. Comme personne de mes camarades ne voulait m'aider, je demandai à l'adjudant-major quatre soldats de corvée. Il me les accorda, et, en nous aidant de nos mains et de nos gamelles, nous parvînmes à faire un trou où j'avais de l'eau jusqu'au ventre. Je me procurai alors une barrique vide, il n'en manquait pas dans le camp, et, après l'avoir défoncée aux deux bouts, nous l'enfonçâmes dans le trou, en montant quatre dessus. Puis nous remplîmes le vide autour de la barrique avec de la terre et du gazon, et le lendemain nous avions un puits d'eau très claire où toute la division vint puiser.

Mais je payai cher l'imprudence que j'avais faite de rester, trop longtemps, les jambes dans l'eau très froide. Je fus pris de douleurs qui, pendant huit jours, m'empêchèrent de marcher. J'employai ce temps à embellir mon château, et ma baraque, qui avait été la première construite, fut aussi la plus jolie de tout le camp : on venait la voir par curiosité. Le mamelouk de l'empereur lui-même m'en fit ses compliments.

*
* *

Lorsque je fus guéri de mes douleurs et que je pus marcher, j'allai faire une tournée dans l'île. J'y trouvai bien du changement. On travaillait à élever des batteries de tous côtés, et on construisait de nouveaux ponts sur pilotis, où trois voitures pouvaient passer de front. Tous les ponts étaient protégés par des estacades assez fortes pour arrêter toutes les machines incendiaires. Toute l'île était devenue une véritable place forte, défendue par plus de cent pièces de grosse artillerie. Tous les travaux s'exécutaient avec une activité extraordinaire, sous les yeux de l'empereur, qui tous les jours venait s'assurer par lui-même de l'exécution de ses ordres, et surveiller les travaux des Autrichiens qui, eux aussi, élevaient sur la rive gauche de la Danube des retranchements formidables. On avait établi au milieu des arbres une grande échelle du haut de laquelle on pouvait découvrir toute la plaine. L'empereur y montait souvent pour étudier les travaux de défense des Autrichiens. Un jour qu'il y était monté, un factionnaire qui ne voyait pas l'échelle et qui croyait que c'était un soldat qui était monté dans un arbre, menaça d'abattre d'un coup de fusil l'oiseau trop haut perché. Il ne faisait qu'exécuter sa consigne, et si l'on ne se fut pas empressé de prévenir l'empereur, un grand malheur serait arrivé. Que serions-nous tous devenus, si dans les circonstances où nous étions, l'empereur avait été tué !

On se canonnait de temps en temps de part et d'autre, mais sans se faire beaucoup de mal et seulement pour entraver l'ouvrage des travailleurs. Ayant remarqué que l'on ne tirait jamais sur les ouvriers isolés, l'empereur prit la capote d'un soldat, et, une pelle sur l'épaule, alla se promener jusque près des avant-postes de l'ennemi pour examiner leurs travaux. Puis il s'en retourna tranquillement, remit la capote au soldat en lui donnant la pièce.

L'envie nous étant venue de revoir Vienne et de faire un bon repas, nous nous fîmes donner une permission pour quatre et nous allâmes passer la journée dans la capitale. Je ne sais si la disette de farine se faisait encore sentir, mais nous fûmes obligés, au restaurant, de nous fâcher pour obtenir du pain en quantité suffisante ; il est vrai que les Allemands mangent plus de viande que de pain. Nous trouvâmes la ville un peu plus vivante que la première fois ; mais elle n'était pas gaie et cela se conçoit : depuis bientôt deux mois, les Viennois n'étaient plus leurs maîtres, c'étaient les Français qui commandaient chez eux.

En rentrant au camp, nous ramassâmes chacun une botte de paille, pour remplacer les feuilles sèches qui nous servaient de couchette et qui commençaient à se réduire en poussière. Nous eûmes alors un excellent lit dont malheureusement nous ne pûmes jouir longtemps. On nous annonça que la garde impériale allait venir nous remplacer, et, quelques jours après, on vint dresser la tente de l'empereur trop près de ma baraque pour que je pusse compter y rester. En effet, le 1er juillet, Napoléon vint s'installer dans l'île avec tout le quartier-général. Il fallut déguerpir. On avait défendu de toucher aux baraques, et j'abandonnai la mienne avec bien du regret. Les maréchaux étaient venus la voir et avaient admiré surtout le puits qui avait été si utile à toute la division. Le maréchal Duroc voulut en goûter l'eau. A défaut de verre de cristal, je lui en offris dans un gobelet de fer-blanc. Il la trouva fort bonne. Un des maréchaux se mit à plaisanter en regardant ma baraque. — « On se croirait ici au Palais-Royal, dit-il, car voilà le café du Caveau. » Toujours est-il qu'elle excitait bien des convoitises parmi les grosses épaulettes. Ce fut le maréchal Duroc qui s'en empara pour en faire son logement.

J'emportai ma paille et ma toile et je transportai mes pénates plus loin. J'eus bientôt creusé un trou et fabriqué avec des branchages et ma toile une nouvelle baraque. Mais je n'y donnai pas autant de soin qu'à la première, c'était bien inutile ; car tout annonçait que le branle allait commencer. Tous les jours de nouvelles troupes arrivaient dans l'île. Il y en avait de toutes les couleurs, des Bavarois, des Wurtembergeois, des Hessois, des Saxons. Ma nouvelle baraque étant située sur la route qui joignait les deux ponts, je vis défiler tout cela. Je vis passer mon ancien régiment où je retrouvai quatre de mes anciens camarades. Je les arrêtai pour leur faire boire un coup. J'avais un de mes amis qui était garde-magasin des liquides, et grâce à lui j'avais toujours ma gourde pleine. J'allai le trouver, et, comme c'était lui-même un ancien musicien, il me donna, pour traiter mes collègues, un grand baquet qui contenait au moins quarante bouteilles de vin. Mais ça ne dura pas longtemps. Un invité en invitait un autre, et, comme j'étais assez connu tant dans la Grande Armée que dans l'Armée d'Italie, la société fut bientôt nombreuse, et l'on ne se sépara que lorsqu'il n'y eut plus de vin. Chacun alla alors rejoindre son corps.

**

Dans la nuit du 4 au 5 juillet, vers dix heures du soir, notre division reçut ordre de prendre les armes. On rassembla tous les voltigeurs et les grenadiers de la division, on les fit monter sur des barques et ils abordèrent l'autre rive sans obstacles. Mais à peine étaient-ils débarqués, que toutes les batteries françaises et autrichiennes ouvraient leur feu : la terre en tremblait sur plus d'une lieue de circonférence. Bientôt la petite ville d'Enzersdorf, sur les bords du Danube, fut tout en feu, et lorsque le clocher brûla, on y voyait dans l'île comme en plein midi.

Sous la protection de nos canons, trois ponts d'une seule pièce, qui étaient tout préparés, furent jetés d'une rive à l'autre, une demi-lieue au-dessous de l'endroit où s'était effectué le premier passage, endroit où les Autrichiens avaient accumulé tous leurs moyens de défense. Toute l'armée se précipita alors sur les ponts, et au lever du jour elle était tout entière rangée en bataille au-delà des retranchements des Autrichiens, qui furent obligés de les abandonner pour battre en retraite sur Wagram.

Par ordre de leurs chefs, la plupart des musiciens devaient rester dans l'île jusqu'à ce que le passage fût complètement terminé. J'assistai donc au défilé de toutes les troupes. Je n'en avais jamais tant vu. Toute la garde impériale était là en grande tenue, comme pour la parade. Le défilé de l'artillerie semblait interminable. Cependant Napoléon avait fait distribuer deux pièces de canon dans chaque régiment d'infanterie, et, pendant notre séjour dans l'île, on avait exercé une compagnie à la manœuvre du canon. Je vis bien défiler devant moi au moins cinq cents pièces d'artillerie.

Le lendemain, 6 juillet, au lever du soleil, nous entendîmes gronder le canon. C'était la bataille de Wagram qui commençait. Sur les neuf heures, nous allions nous mettre en route pour rejoindre notre régiment, lorsque nous vîmes déboucher des ponts une masse de fuyards criant : « En retraite, en retraite. » Ce fut alors une panique générale dans toute l'île Lobau. Les cantiniers, les musiciens, les infirmiers, toute la foule des non-combattants, le parc des bœufs, les vivres, l'ambulance, tout cela se mit à courir en désordre du côté des ponts de la rive droite. On se rappelait la première retraite et l'on ne se souciait pas d'être de nouveau renfermé dans l'île.

Pour moi, je n'étais pas trop effrayé ; car, entendant gronder le canon à deux ou trois lieues de nous, il me paraissait improbable que l'armée fût en retraite. J'essayais, mais inutilement, de rassurer les fuyards, lorsque je vis un général, arrivant au galop, écumant de colère, criant à la foule de s'arrêter, mais n'y pouvant parvenir. Il arriva cependant à temps pour arrêter le parc d'artillerie, qui était tout attelé et prêt à se mettre en retraite. Mais il avait beau prodiguer les coups de plats de sabre, il ne pouvait arrêter les fuyards. Un hasard fit plus que lui. Un caisson énorme de vivres versa à l'entrée du retranchement qui formait la tête du pont. On ne pouvait plus passer qu'en franchissant les palissades, ce qui n'était pas commode. Plusieurs qui l'essayèrent furent blessés. Le général profita de ce moment pour mettre fin à cette fuite insensée. Il rallia quelques cavaliers, et, à leur tête et à l'aide de coups de plats de sabre, il parvint à faire reprendre à chacun son poste. Il était temps, car la panique eût pu gagner l'armée et Dieu sait ce qui aurait pu en résulter.

Un seul de mes camarades était resté avec moi. Nous retournâmes à notre baraque. A côté était la baraque d'un cantinier qui avait été un des premiers à se sauver. Il avait laissé sa marmite au feu et une casserolle pleine de fricot. Ne sachant s'il reviendrait, nous nous emparâmes de sa cuisine, et achevant de faire cuire la viande, nous fîmes un excellent souper. Nous venions de finir, lorsque nous vîmes arriver la cantinière. Elle se précipita dans sa baraque comme une folle. Elle y avait oublié sa bourse, qui était fort dodue, et comme elle la retrouvait intacte, elle ne se connaissait plus de joie. Au lieu de nous faire des reproches d'avoir mangé ses provisions, elle nous remercia d'avoir ainsi gardé sa baraque et par conséquent sa bourse. Son mari arriva un moment après avec sa voiture. Elle en tira plusieurs bouteilles de vin qu'elle nous offrit. Elle nous aurait donné, je crois, toute sa marchandise, tant elle était contente d'avoir retrouvé son argent.

**

Tous nos confrères ayant regagné le camp, nous nous mîmes en route pour rejoindre notre division. Nous la trouvâmes au repos. Elle avait tellement donné la veille et toute la matinée, que les soldats étaient harassés. La bataille était alors dans toute sa force. On ne distinguait plus les coups de canon, c'était un roulement continuel produit par les détonations d'un millier de pièces. Le sol en tremblait et c'était à en devenir sourd.

L'instant décisif approchait. Notre division fut lancée en avant. Les Autrichiens lâchaient pied sur toute la ligne, et bientôt ils se mettaient en pleine retraite. Nos soldats les poursuivirent la baïonnette dans les reins pendant trois lieues, faisant quantité de prisonniers. Mais la fatigue arrêta la poursuite et toute l'armée, qui avait combattu presque sans interruption pendant plus de quarante heures, reçut l'ordre de coucher sur le champ de bataille de Wagram.

Dès le lendemain matin, la poursuite recommença, mais sans engagement sérieux. Nous côtoyâmes d'abord le Danube jusqu'à Stockerau. Puis on nous dirigea sur Hollabrun, où nous restâmes un jour, et enfin sur Znaym, où les Autrichiens avaient fait volte face et faisaient mine de vouloir de nouveau livrer bataille. Nous avions entendu le matin gronder le canon, et, lorsque nous rencontrâmes tournant le dos à l'ennemi un régiment de lanciers de la Garde, nous crûmes d'abord que l'on battait en retraite. Mais le trompette-major, près duquel je m'étais rendu, m'annonça qu'un armistice venait d'être signé (11 juillet 1809) et que toute la Garde s'en retournait à Vienne. La nouvelle fut confirmée un moment après par un général. On fit faire halte à la division, et toutes les gourdes se vidèrent pour célébrer la bonne nouvelle. Nous vîmes bientôt défiler tous les corps d'armée qui se rendaient dans leurs cantonnements. L'empereur traversa notre division se rendant à Vienne, et nous le vîmes rire pour la seconde fois de toute la campagne : on se rappelle que, pour la première fois, c'était sur une plaisanterie de moi, que j'avais lancée sans me douter qu'il l'entendrait.

**

Notre corps d'armée reçut l'ordre d'aller camper sur les frontières de Bohême, la division Molitor à Jaspitz et nous à Budwitz, où nous arrivâmes le 14 juillet. Nous y restâmes jusqu'au 12 octobre. C'était un très pauvre pays, les habitants étaient dans la dernière misère, et, loin de trouver chez eux des vivres, c'était nous au contraire qui pourvoyions à leur subsistance en retour des petits services qu'ils pouvaient nous rendre. Nous étions réduits au strict ordinaire, aux vivres de campagne, et, même pour de l'argent, on ne pouvait rien se procurer. Pendant notre séjour dans ce triste pays, nous perdîmes notre général de division, qui fut enterré avec toute la pompe due à son rang.

La neige ayant commencé à tomber, on fit lever le camp et on nous envoya sur les derrières de l'armée, dans un mauvais village, où nous étions cependant un peu mieux que d'où nous sortions. Mais nous n'y restâmes que quatre jours. Il nous fallut aller remplacer, à Jaspitz, la division Molitor qui y cantonnait depuis plus de deux mois. On ne pouvait être plus mal. Heureusement nous n'y restâmes pas longtemps. On nous envoya à Sigard, très beau village, fort riche, qui n'avait pas éprouvé les misères de la guerre. Nous y restâmes fort heureux jusqu'au 16 décembre, bien logés, bien nourris, bien vus des hommes auxquels nous payions à boire, et encore mieux des femmes que nous faisions danser.

XIV

DE VIENNE A AMSTERDAM ET D'AMSTERDAM A POITIERS.

En route pour la France. — Aux environs de Passau. — Misère des paysans. — En Bavière. — A Ratisbonne. — A travers la Franconie. — Mon colonel me fait raconter mes premières campagnes sur le Rhin. — Dans le duché de Berg. — A Dusseldorf. — Passage du Rhin à Wesel. — Entrée en Hollande. — A Breda. — La reine Hortense. — A Bois-le-Duc. — Je donne ma démission. — Je pars d'Amsterdam pour Poitiers. — A Paris. — A Tours, chez M. Danette. — Arrivée à Poitiers.

A paix était faite, on annonçait notre rentrée en France, aussi l'ordre de départ fut accueilli avec joie. Comme le pays que nous allions traverser n'offrait aucune ressource et qu'aucune voiture ne devait nous suivre, attendu le mauvais état des chemins, dans les montagnes qu'il nous fallait franchir, on ordonna de prendre des vivres pour quatre jours. Mais contre toute attente, nous fûmes assez bien logés et nourris jusqu'à Passau, où nous passâmes le Danube. Nous espérions séjourner dans cette ville ; mais elle avait une garnison française et le commandant de place ne voulut pas nous recevoir. Le régiment fut dispersé dans les villages voisins. Mon billet de logement, pour moi et mon camarade, était pour une maison isolée que je n'aurais jamais pu trouver, si l'on ne m'avait donné un guide. Nous fûmes fort mal reçus. Nous avions grand'faim et grand'soif, et, pour nous restaurer, on ne put nous offrir que du pain fort noir et de l'eau. Cela ne faisait guère notre affaire.

Après nous être assurés qu'il n'y avait dans la maison rien autre chose, je mis la main à la bourse et je demandai si l'on pourrait nous procurer à souper pour de l'argent. Il fallait aller à une lieue de là pour trouver des provisions. Heureusement il y avait dans la maison un mauvais cheval. Un domestique monta dessus, et, il était dix heures du soir, lorsqu'il rapporta, pour notre souper, des œufs, des saucisses et de la bière.

En attendant son retour, le maître de la maison, vieillard de soixante-dix ans, nous raconta ses malheurs. Trois fois il avait été pillé et il avait eu autant à se plaindre des Autrichiens que des Français. — « Quand vos troupes sont arrivées pour la première fois chez nous, nous dit-il, j'étais un des plus riches propriétaires du pays et j'étais renommé pour le bien que je faisais dans le pays en secourant beaucoup de malheureux. Aujourd'hui, je suis aussi misérable que ceux qui venaient mendier à ma porte, et, sans un de mes fils, qui demeure à quelques lieues d'ici et qui a un peu moins souffert que moi, je ne pourrais me procurer le mauvais pain que je vous ai offert. J'avais quatre chevaux, six vaches, des moutons, de la volaille en quantité, mes greniers étaient garnis de grains et de provisions de toutes sortes. A l'arrivée de votre armée, on mit en réquisition mes quatre chevaux avec un de mes domestiques. Le domestique est rentré un mois après, mais sans chevaux. Puis à chaque nouveau passage de troupes, mes vaches, mes moutons, mes volailles, toutes mes provisions s'en allèrent: bien heureux lorsque je n'étais pas battu, quand j'essayais de défendre mon pauvre bien. Il ne me restait plus que ma récolte sur terre, c'était mon seul espoir ; mais un de vos corps d'armée est venu camper dans mes champs, et tout fut détruit. Il ne me reste pas même de quoi faire de nouvelles semailles. Et encore y a-t-il plus malheureux que moi ; car il me reste au moins ma maison, et beaucoup d'autres qui ont été pillés comme moi, ont eu de plus la douleur de voir leurs maisons incendiées. » Le bonhomme n'exagérait point. Ce qu'il nous racontait, nous l'avions vu bien des fois. Nous le forçâmes à s'asseoir tout pleurant à notre table et à partager notre souper. Puis deux bottes de paille nous servirent de lit et le lendemain de bonne heure nous étions en route.

*
* *

Jusqu'à Ratisbonne, nous suivîmes le même chemin que nous avions pris lors de notre entrée en Autriche. Nous étions alors en Bavière, pays allié de la France, et il fallait vivre avec l'ordonnance toute simple, c'est-à-dire la soupe et le bouilli. Nous fîmes séjour à Ratisbonne, et j'en profitai pour visiter la ville et ses monuments, particulièrement la cathédrale, qui est fort antique, et le château du prince de Latour et Taxis. J'allai voir le faubourg, de l'autre côté du Danube, qui avait été brûlé lors de notre dernier passage. Il était encore en ruines, peu de maisons avaient été rétablies. C'est à Ratisbonne que nous fûmes enfin fixés sur notre destination. Au lieu de rentrer en France, on nous envoyait en Hollande.

Nous traversâmes toute la Franconie, en passant par Wurtzbourg, Hanau et Francfort. Ce n'était pas un nouveau pays pour moi, je l'avais déjà parcouru plusieurs fois, et, quoiqu'il y eut près de quinze ans, on y voyait encore les ruines causées par la guerre. Beaucoup de maisons n'étaient pas rebâties et particulièrement des châteaux. Nous passâmes à Linsbourg, où nous avions perdu tant de monde, lors de la grande retraite de Jourdan. Mon colonel qui savait que j'avais fait toute la campagne du Rhin, m'appelait tous les jours, pendant la marche, auprès de lui et me faisait raconter ce que j'avais vu, sur le terrain même qu'avaient parcouru les armées françaises. Je lui montrai l'endroit où avait été blessé à mort le général Marceau.

En suivant la rive gauche du Rhin, nous entrâmes dans le duché de Berg, que l'empereur avait donné à son beau-frère Murat. Nous nous aperçûmes, à l'accueil qui nous fut fait, que les habitants n'aimaient guère plus les Français que leur duc. Nous ne trouvions pas toujours de quoi manger, même avec notre argent. Il fallait nous bourrer de pommes de terre, et nous entendions dire souvent autour de nous par de vieilles gens, auxquels nous ne pouvions en demander raison, que c'était assez bon pour des Français.

En passant à Dusseldorf, où quinze ans auparavant j'avais eu une aventure galante, je cherchai à reconnaître la maison où j'avais logé ; mais la ville était devenue méconnaissable, tant elle était embellie. J'aurais bien voulu revoir aussi les capucins qui nous avaient si bien régalés. Mais, c'était comme en France, il n'y avait plus ni capucins ni moines.

De Dusseldorf on nous dirigea sur Wesel, où nous devions passer le Rhin ; mais, comme il n'y avait pas de pont et que le fleuve charriait beaucoup de glaçons, le passage fut retardé d'un jour. Il se fit sur des barques où quatre hommes étaient employés à détourner les glaçons avec de grandes perches.

***

Nous entrâmes en Hollande et allâmes tenir garnison à Bréda. C'est pendant notre séjour dans cette ville que la Hollande fut déclarée province française (9 juillet 1810), au grand chagrin des Hollandais qui regrettaient le roi Louis, détrôné par son frère Napoléon. La reine Hortense passant par Bréda, pour retourner en France, nous allâmes lui donner une sérénade. Elle nous fit donner douze louis, mais nous ne la vîmes pas.

De Bréda, on nous envoya tenir garnison à Bois-le-Duc. C'est là que je reçus une lettre de mon épouse m'annonçant que la place, à la cathédrale de Poitiers, pour laquelle j'avais postulé autrefois, était libre et m'était accordée si je la désirais. Mon parti fut bientôt pris. Revoir ma femme et mes enfants, dont un que je ne connaissais pas, retourner au pays, dans ma famille, cela valait mieux que courir le monde comme je le faisais depuis vingt ans. Je cours chez l'officier de musique pour le prier de porter au colonel ma démission. Il fut fort étonné, mais lorsque je lui montrai la lettre que je venais de recevoir, il me dit : — « Vous faites bien, je voudrais pouvoir en faire autant. Après une guerre une autre, ça n'aura jamais de fin et je finirai par y laisser mes os. » Il disait vrai, car il est resté avec bien d'autres camarades dans les neiges de Russie.

Le colonel accepta ma démission ; mais il me fit dire que, si c'était pour changer de corps, il m'offrait vingt francs de plus par mois. J'allai le remercier et lui dire que je ne désirais autre chose que retourner dans mon pays. D'après mon engagement, je devais prévenir trois mois à l'avance. Nous étions au mois de juillet, je n'aurais donc pu partir qu'au mois d'octobre ; mais le colonel me permit de partir dès le mois de septembre. Il me fallut suivre le régiment à Utrecht d'abord puis à Amsterdam, où je restai jusqu'à mon départ.

***

Le 1er septembre 1810, je me mis en route, me dirigeant par Bruxelles sur Paris, où je désirais revoir un de mes plus intimes camarades. Je le trouvai au café du Caveau ou du Sauvage, dans le Palais-Royal, faisant sa partie dans l'orchestre de cet établissement. Il pleura de joie, lorsque je me fis connaître à lui, et ne voulut plus me laisser tant que je restai à Paris. Il m'apprit que sa femme était aux Petites-Maisons. Je savais en partie la cause de sa folie. Le brave homme avait été chef de musique d'un régiment de dragons dont le colonel était Joseph Bonaparte. Son épouse était jolie comme un cœur et le colonel en fit sa maîtresse. Mais, quand il laissa le régiment, madame, qui était mise comme une duchesse, ne put continuer sa vie luxueuse. Cela lui porta à la tête : elle devint folle.

Il me promena dans Paris, et, si je l'avais cru, j'y serais resté plusieurs jours. Mais il y avait à Poitiers quelqu'un qui m'intéressait plus que de visiter les monuments de Paris. Je me remis en route par Versailles, Orléans et Tours, où je devais m'arrêter pour faire une commission à M. Danette, receveur de la ville, de la part de son fils qui était musicien au régiment. J'étais chargé de remettre à sa mère une petite bague en diamant.

J'entrai dans un café pour demander l'adresse de M. Danette. J'y trouvai deux maréchaux de logis du régiment de hussards où j'avais servi ; mais ils étaient trop jeunes pour m'avoir connu. Nous causâmes un moment, puis je me mis en devoir de remplir ma commission. Mon arrivée avait été annoncée par une lettre du fils, et on m'attendait avec grande impatience. Aussi quand je me présentai, on n'eut pas plus tôt vu mon uniforme qu'on s'écria : c'est le musicien. Aussitôt le père, la mère vinrent au devant de moi et me firent l'accueil le plus charmant. Je remis la bague à la mère, et ce ne fut pas sans bien pleurer qu'elle la passa à son doigt. Puis il me fallut parler du fils absent et répondre à toutes les questions qu'on me faisait sur son compte. Il n'était point comme moi musicien gagiste, il était arrivé comme conscrit au régiment. Mais il laissa bientôt la musique et eut la chance de revenir de la campagne de Russie avec l'épaulette. A son retour, il m'écrivit de Mayence, et à la rentrée des Bourbons, il donna sa démission et vint me voir à Poitiers.

Pendant que nous étions à causer, on vint me prévenir qu'on me demandait. C'étaient mes deux maréchaux de logis et un officier qui, dès qu'il me vit, me sauta au cou. Il fallut qu'il me dît son nom pour que je le reconnusse. C'était celui qui pansait mon cheval au régiment. Je demandai à M. Danette la permission de m'absenter un moment. Nous nous rendîmes au café où je trouvai quelques officiers de mon temps. On formait un régiment provisoire, et il y avait des officiers de cavalerie de toutes sortes, et, comme c'est moi qui payais, tout le monde m'avait connu et voulait trinquer avec moi. Je me trouvai bientôt beaucoup plus de connaissances que je n'aurais voulu ; j'appelai le garçon, je lui payai dix bouteilles de bière et je dis à mon ancien brosseur : — « On m'attend pour dîner, j'ai payé dix bouteilles de bière. Ces messieurs payeront le reste. » Et je le laissai sans qu'il ait fait mine de mettre la main à la bourse.

En arrivant chez M. Danette, je trouvai la table mise et nombreuse compagnie. Le fils avait écrit de me bien recevoir, et l'on m'offrit un véritable gala comme je n'en avais pas vu depuis longtemps. Au dessert on me lança sur mes campagnes : c'était mon faible, aussi toute la soirée il n'y en eut que pour moi, et mes auditeurs paraissaient si charmés de mes récits, qu'il était fort tard lorsqu'on se sépara. Je fis mes adieux à mes hôtes, car je voulais partir de bonne heure : les pieds me brûlaient d'arriver chez moi pour revoir ma famille. La servante que j'avais avertie me réveilla au point du jour et je me mis en route.

*
* *

Au bout de trois jours j'arrivai à Poitiers. On avait été au devant de moi, les jours précédents, précisément ce jour-là on n'y alla pas. J'arrivai à la maison paternelle à six heures du soir, alors que l'on ne comptait plus sur moi, pour ce jour ; la joie n'en fut que plus grande. Je trouvai mon épouse et mes deux enfants en bonne santé, ainsi que toute ma famille. Le lendemain j'étais reçu comme maître de psallette à la cathédrale de Poitiers. J'espère y passer de longs jours.

FIN DE *MES CAMPAGNES.*

TABLE DES MATIÈRES.

PREMIÈRE PARTIE.
1791 — 1801

		PAGES
I.	Au régiment de Perche	3
II.	Au 6ᵉ bataillon de la Haute-Saone	9
III.	Dans l'armée de Sambre-et-Meuse	15
IV.	Sur les bords du Rhin	25
V.	Sous Hoche, Jourdan, Masséna	33
VI.	Au 5ᵉ régiment de hussards	41
VII.	Retour en France	51

DEUXIÈME PARTIE.
1802 — 1810

VIII.	A la Rochelle, Rochefort, l'ile de Ré	59
IX.	En Italie	63
X.	De Vérone a Stettin	67
XI.	En Poméranie et en Danemark, puis a Lyon	71
XII.	Campagne d'Autriche	79
XIII.	Essling. — L'ile Lobau. — Wagram	87
XIV.	De Vienne a Amsterdam et d'Amsterdam a Poitiers	99

LA ROCHELLE, TYP. A. SIRET.

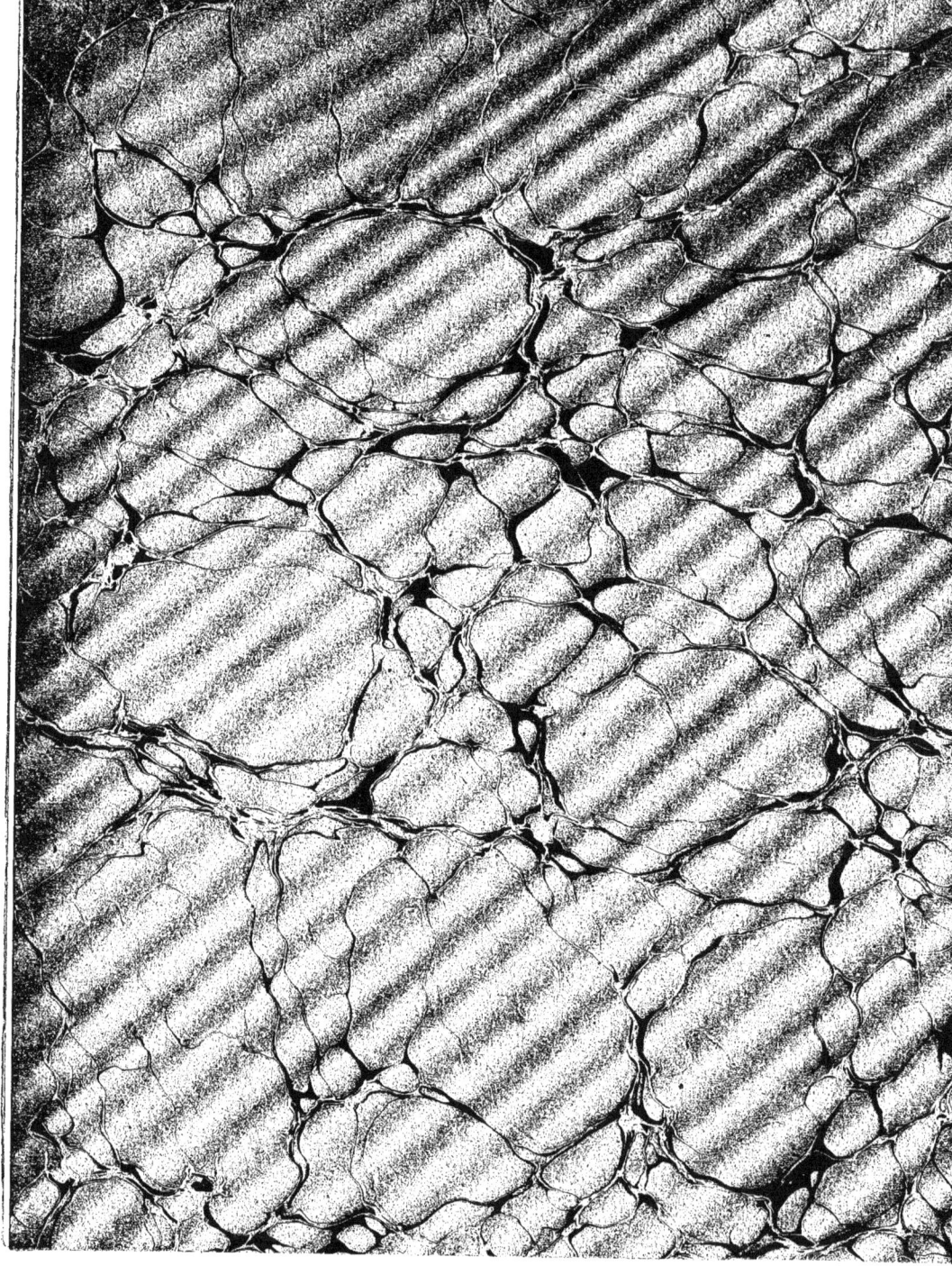

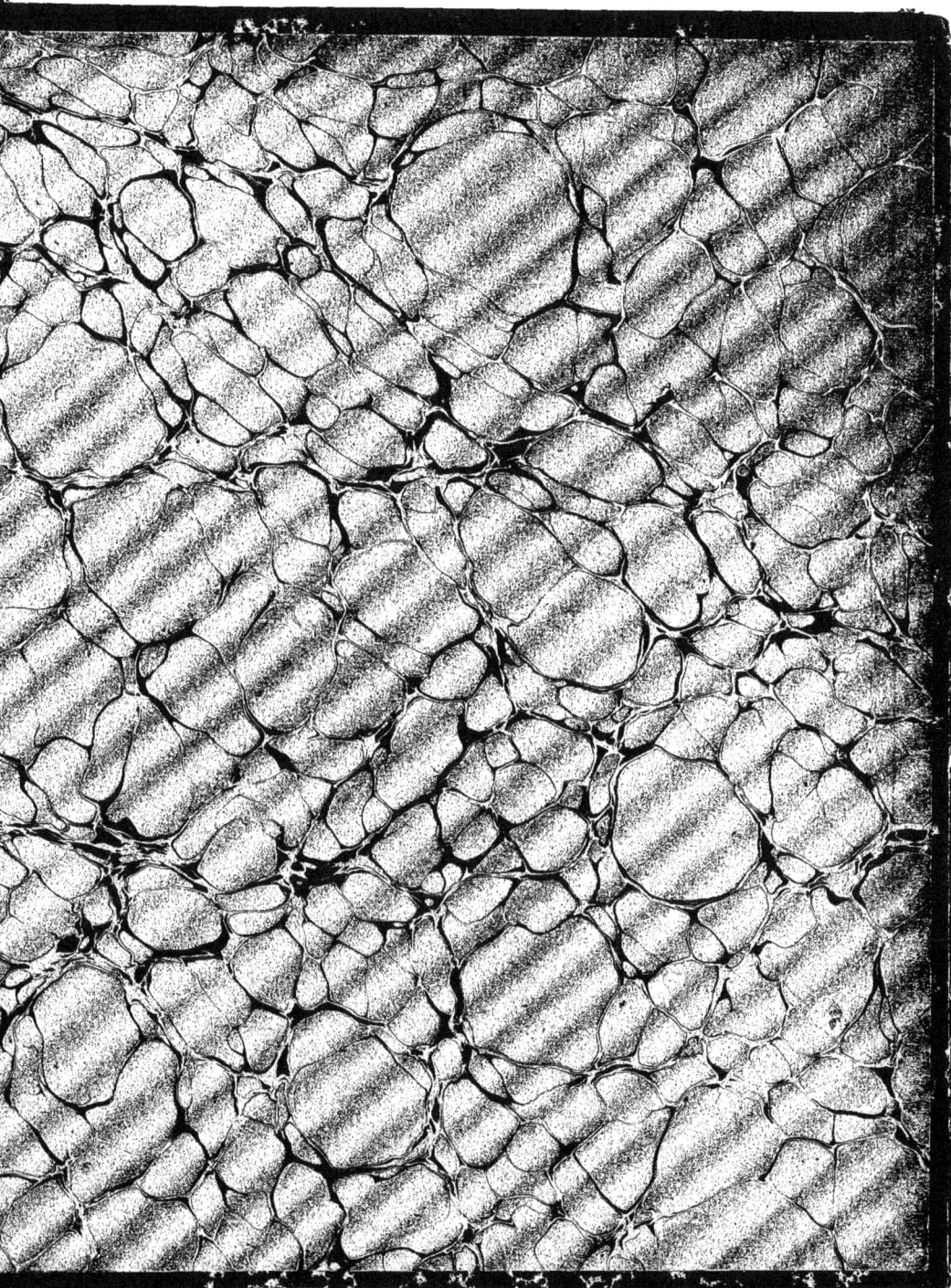

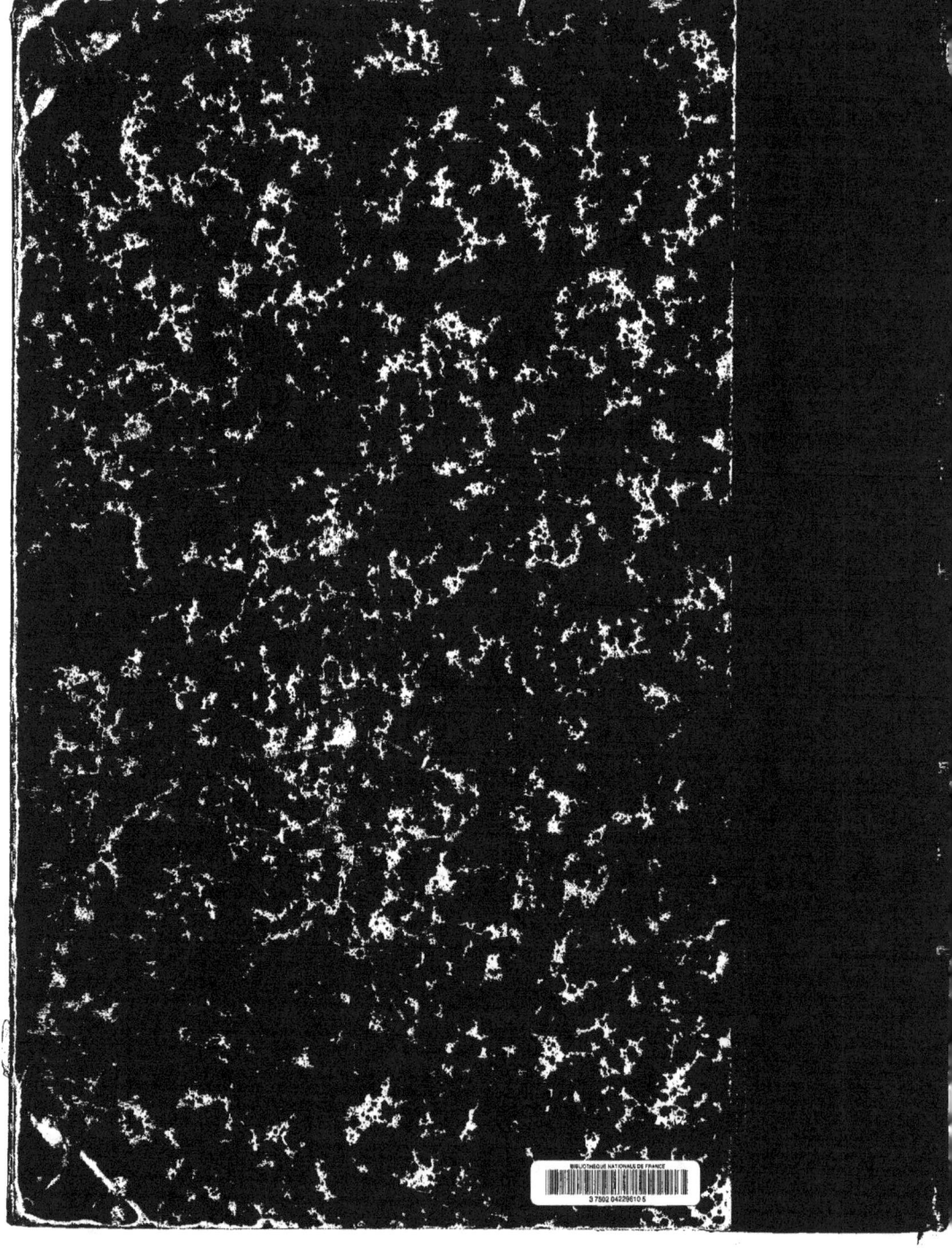